JN269906

ききがたり

ときをためる暮らし

つばた英子
つばたしゅういち

自然食通信社

［プロローグ］

だんだん美しくなる人生

――修一

僕らは「だんだん美しくなる人生」をめざしてやってきたんですよ。英訳すると、エイジレスビューティーなんですって。いわゆる年齢を感じさせない。

英子さんは八四歳ですけど、声がぜんぜん若いでしょ。講演で僕が話をするよりも、英子さんが話をしたほうが、みなさん、喜んで聞きたがるんですよ。「可愛らしい」とか言われて、年をとってそんなことを言われるのは、幸せですよ。やりたいことをやって、気持ちよく生きているからなんでしょうね。

僕は六六歳と六八歳のときに、タヒチのヨットクルージングに出かけているんですが、来年の八八歳も元気だったら、また行こうと考えていて。ただ、飛行機に乗っている時間が長いので、それに耐えられるだけの体力を維持しておかないと、いけないと思っていましてね。

あの、タヒチ島の友だちの話なんかを聞いていますと、自分が死んだら、あの星に行くと決めているんですよ、みんな。ロマンチックでいいなあと。南十字星はみんなが希望してギュウギュウですから、僕はその隣にある小さな星にしようと思っています。炭になったお骨を、南太平洋の海にまいてもらってね。英子さんも、それについて来てくれるそうですから、よかった。

二人とも、健康診断はもう何十年と受けたことがないんですよ。もし、不具合がみつかったら怖いですからね。意識しちゃうでしょ、それも健康な人ほど、精神が不安定になってしまうから。だったら検査を受けないほうがいいと思ってね。

雑草のように僕らはタフなんですけれど、内心、とても弱虫なもんですから。こうやって生き延びる資質でいちばん大事なことは、弱虫ですね。弱虫だと割合シャープに、いろんなことを受け取れます。強気になるとダメ。感性が麻痺して感じられることも、感じられなくなってしまう。

まあ、そんなことを言っても、未来は確実に短くなってきていますから、とにかく、気持ちのいい長生きをしたいと、思っています。そのためには、自分のことは、自分でやらないとね。

「依りかからずに生きたい」と英子さんとは話しているんですが。でも、僕らはやっぱり、二人が元気でないとダメですねえ。二人で一人前みたいになってしまっている。だから、一人になったらどうしようかと、考えますけど。

それこそ、英子さんがいなくなったら、こっちは糸の切れた凧で、どっかに飛んでいっちゃいますからねえ。考えたくもないし、考えられないです。

先の先のことを考えて、前向きに生きていく　――英子

あっという間、自分の年齢をいままで感じたこともなかったですよ。

修一さんがヨットに乗っていたときは、春一番がいつも吹き荒れる、緊張する日々でしたけど、いまは毎日が小春日和の穏やかさなの。

心配なことといえば、ひとつだけ。それは、私が先に逝ったら困るってことですよ。娘たちにも「お父さんを置いていかないでよ、かわいそうだから」と言われていて。家族であっても、長年一緒に住んでいませんから、一緒に暮らすとなれば、主人も娘も戸惑うでしょうね。食べ物の好み、生活習慣の違い、そんなことを考えれば、修一さんを送ってからじゃないと、あの世には行けないなと思っています。

とにかく、自分に「先に逝かない」と言い聞かせているの。昔から自分より、人さまのことが気になる性分なんです。旦那さんを残して、奥さんが旅行に出かけると聞くけど、私は一度も考えたことがなかったですよ。食事のことが一番に気にかかるから。

修一さんが眼医者や歯医者へ行くときは、私もついてくんですよ。彼は進んで病院に行きませんから。で、私は待合室で雑誌を読んだり、編み物をして、ただ、待っているの。道すがら、何か話をするわけでもないし、一緒に並んでも歩かないの。彼はサッサ

カ先を歩いて、途中でふり返り、また前へ。こっちは必死でついて行くの。フフッ、おかしいでしょ。

よく、二人一緒の写真を撮ってもらっていますけど、あれは「やってください」と言われるからですよ。普段は畑の作業も別々。私は私の好きなことを、彼は彼の好きなことをやって、顔を合わせるのは、食事とお茶の時間くらいですよ。それで、互いに干渉しない。

でも、いざ一人になったら困りますよね。彼は洗濯とか掃除など私の分野のことまで、いろいろやってくれるでしょ。それで私もだんだんやらなくなっちゃっているから。機械に関することはまるでダメ。畑仕事も、一人で全部やることになったら、大変だし。それに料理は、食べてくれる人がいるから私はつくりますけど、自分一人だけだったら、つくる意欲もわかないと思う。やっぱり誰かの役にたつことで、自分は生かされているような気がするのね。

残された時間、修一さんはこれからも、自分流に種を蒔いて、世の中にいろんなことを発信していくでしょう。私も畑にもっと落ち葉を入れて、豊かな土になるよう、次世代のために生きていきたいと思っていますけど。

うちは嫌なこと、悪いことを口にするのは禁句ですから、いつも先の先のこと、楽しいことを考えて生きてきたの。不思議だけど、すると人生はだんだんとよくなっていくんですよ。だからこれからも、まあ、そういうことを考えて、生きていこうと思っています。「わが人生に悔いなし」ですね。

目次

プロローグ

土を耕やす

シンプル・イズ・ベスト

すべての暮らしは台所から

大切なこと

土を耕やす

修一流、楽しく農作業をするための工夫

――修一

畑で作業をするときは僕たち、この帽子を被るんですよ。タヒチへヨットを乗りに出かけたとき、見つけましてね。こんなにボロボロですけども、愛着があって、補修しながら使っているんです。このごろは直した糸のほうが目立っちゃって。でも、これがいい具合に涼しくて、手放せないんですよ。こんなに修理だらけの帽子を、僕が大事に使っているものだから、知り合いの人がタヒチに行ったとき、あちこち探しまわってくれたらしいんですが、なかったって。素朴だけど、なんとなくいいでしょ、だから大切にしたくってね。

畑仕事のときは、農小屋で作業服に着替えてからやるんです、ぬかるんでいたりすると、ドロドロに汚れますから。苗を植え付ける作業なんかは、英子さんは中腰での作業はつらいって、土に膝をつけて作業をするでしょ、だからズボンもすぐに穴が開いちゃって。その破れたところを、僕がジャジャジャジャーとミシンで繕うんですが、英子さんは「かっこ悪い」と言って、はいてくれないんです。僕はヨットに乗っていましたから、裁縫なんかも自分でやるんですよ。海の上でトラブルが起きれば、自分で修理して帰ってこなきゃならないでしょ。だから破けたセール（帆布）なんか、よく手縫いで補修したもんですよ。

うちのキッチンガーデンは、野菜名を書いた立て札を立てているんですよ。このごろ

は遊びに来られる方も多くなりましたから、こうしておけば誰が見ても、何を育てているのかが一目瞭然ですからね。それで、立て札に野菜名だけでは味気ないから「ゴボウ岩手産　おたのしみ！」「畑ワサビ　ＶＩＰ用です！　大切に！」なんてことも書き添えてね。ちゃんと育ってくれますように、と僕たちのメッセージをささやかに込めてね。案外こういうことって、野菜にも気持ちが伝わっているんじゃないかと思いますよ。アッハハ、こういう誰もやらないようなことを考えて、自分の手でつくっていくのが好きなんですよ。

野菜づくりって、思っている以上に、足腰に負担がかかる作業が多いんですよ。でも、こうやって何か楽しくなる工夫やしかけをつくっておくと、キッチンガーデンでの作業も、面白くなるでしょ。とにかく物事は、楽しくないと長続きしないですからね。

【キッチンガーデンを楽しくする工夫１】　一区画は四坪の区画制

うちのキッチンガーデンは、作業の効率を考えて区画制にしています。最初の頃（七六年）は東西へ伸びる横畝でしたが、一〇年以上たってから、いまの区画制に変更しまして。一区画は四坪、すっきりと整理され、見ため的にもきれいでしょ。

ところが「もっと植えたい、もっと育てたい」という英子さんからの要望で、一八区画だったところを、途中から二六区画に増やしました。限られた土地をなんとかやりくりをし、スペースをつくり出したんですよ。なにしろ彼女は、年間に八〇種以上の野菜を育てますから、一区画に二、三種類の野菜を育てているところがあちこちですよ。

【キッチンガーデンを楽しくする工夫2】 農具を使いやすく改造

鍬やシャベルなどの農具も、使いやすいようにどんどん改良しちゃいます。力がない英子さんでも使えるようにと、シャベルのブレードを小さくしたり、テコの原理が働くように、長い柄につけ替えてみたりして。この長い柄は、中が空洞になっているので、見た目よりもずっと軽いんですよ。これは使えなくなった掃除機のパイプを再利用してつくってあるんですけども。

高枝切りばさみの柄の先端には、修理した日付を直接マジックで書き込んでいます。一年ごとに、二回修理しているのがわかるでしょ。ほかの道具もこうやってその情報を書いておくと、メンテナンスをするときに役立つんですよ。

【キッチンガーデンを楽しくする工夫3】 黄色に統一

道具や立て札は、黄色のペンキを塗って全部統一しています。はさみやシャベル、草刈り鎌なんかも黄色に塗ってあって。草むらなんかに置き忘れても「あそこにある！」って、すぐにわかりますよ。ほかの色でも試したことはあるんですが、やっぱり黄色が一番目立つということで、この色に落ち着きました。それに黄色って、元気が出てくるような楽しい色ですからね。

【キッチンガーデンを楽しくする工夫4】 立て札に野菜名を書く

野菜名を書いた立て札を、野菜が植わった畝に立てておきます。もちろん、英子さんはどこに何を植えたのかは、札がなくてもわかっています。でも、僕はサポート的な役割で畑を手伝うので、種蒔きしておいたところを知らずに耕やしてしまったり、苗を雑草とまちがえて引っこ抜いてしまったら困るから。まあ、これは自分への戒めでもあってね。夫婦で情報を共有する意味でも、この札は役立っているんですよ。で、収穫を終えて札が不要になれば、またペンキを塗って、繰り返し使います。

《英子のひとりごと》修一さんが大学をやめて六〇代でフリーになってから、畑の様相もすっかり彼流になりました。ある日突然、何も相談もなく、区画割りになってしまって。口をはさむ余裕なんてないの。いつものことで、「またやっているわ」って。それはそれで、いいかって私は見ているの。でも、結果として区画分けしたほうが、作業はしやすくなりましたよね。

つばた家の雑木林とキッチンガーデン

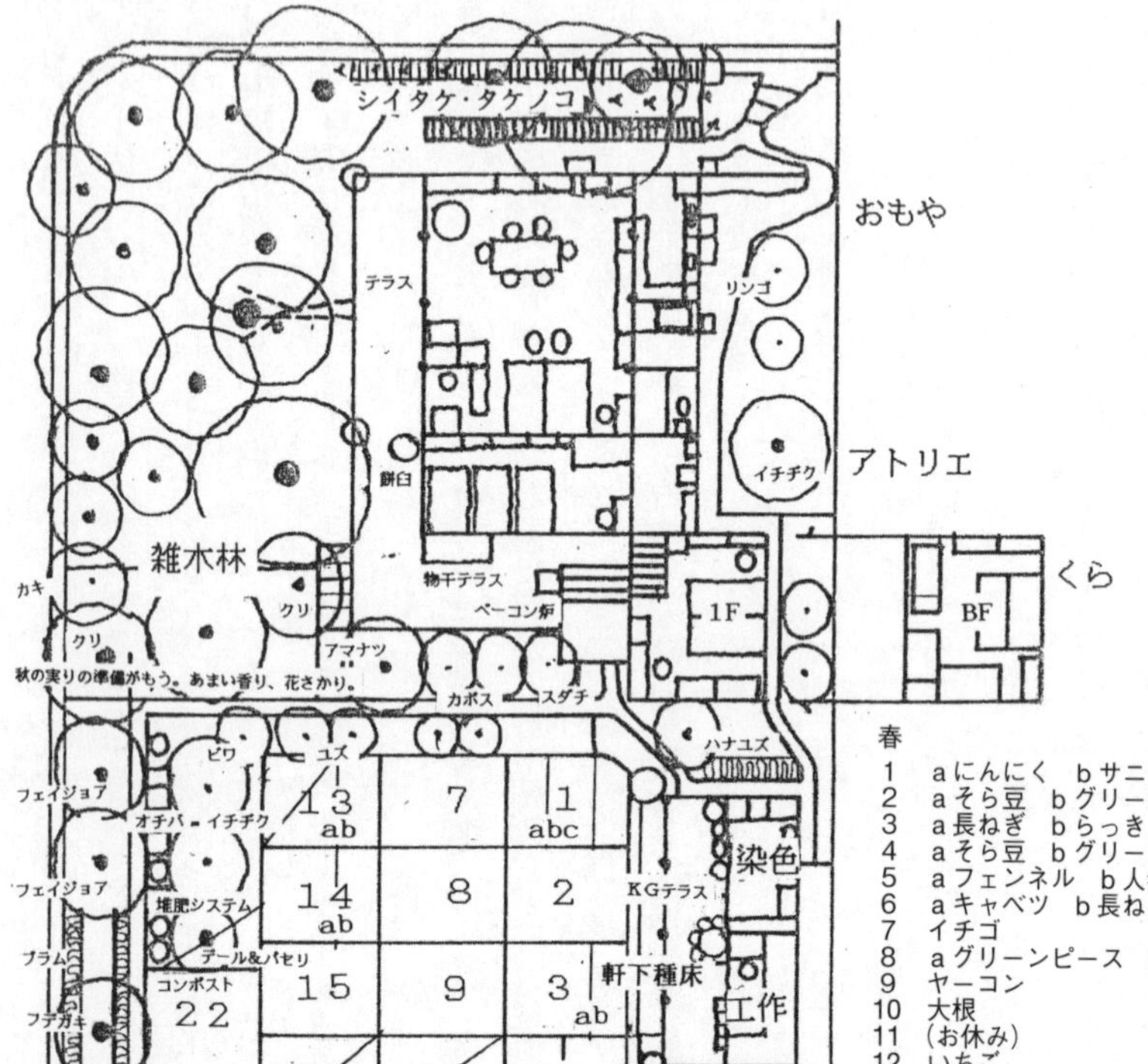

春

1　aにんにく　bサニーレタス　cにんにく
2　aそら豆　bグリーンピース
3　a長ねぎ　bらっきょう
4　aそら豆　bグリーンピース
5　aフェンネル　b人参　cごぼう
6　aキャベツ　b長ねぎ
7　イチゴ
8　aグリーンピース　bそら豆
9　ヤーコン
10　大根
11　(お休み)
12　いちご
13　いちご
14　aグリーンピース　bキャベツ
15　ヤーコン
16　じゃがいも
17　a（お休み）　b人参
18　じゃがいも
19　aセロリ　bペンシルキャロット
20　aこかぶ　b（お休み）
21　a玉ねぎ　bごぼう　c人参　d西洋ねぎ
22　大麦（麦茶用）

イタリアンコーナー
セロリ / コリアンダー / 三つ葉 / わけぎ

軒下の種床
パセリ / ペパーミント / ジャーマンカモミール / レタス / 春菊
アサツキ / イタリアンパセリ / コーンサラダ / ディール / スイートバジル

自家株種も　——英子

今年の冬は、この高蔵寺でも五〇センチも雪が積もりましてね、こんなに降ったのは、めずらしいんですよ。小さい頃は、実家のある半田でも雪が積もったし、つららもできていた。でも、そんなに寒いという感じはなかったですけど。このごろは歳をとったせいか、今年の冬は寒いなぁと感じて、春が待ち遠しいと思いましたもんね。

二月は暦の上では春ですけど、農作業をスタートさせるにはまだ寒くて、ねぎや玉ねぎの苗を移植したり、天地返しをして肥料を入れたりするといった程度で。三月になれば土の中の温度も上がってくるので、いよいよ動き出すんですが。だからこの時期は、家の中で春に蒔く種のことを考えていますね。種苗会社から届くパンフレットを何度もめくっては検討して。いまは大根でも人参でも、たくさんの品種があって、選ぶのに迷うくらいです。新しい品種のものも、私は進んで試してみるの。どんなものができるかなって、それも畑仕事の楽しみにつながりますからね。

年間八〇種ほどの野菜をつくるので、これまでいろんな野菜をつくってきましたよ。ここに引越した最初の年はさとうきびを。子どもの頃、さとうきびを吸って甘かったことを思い出しましてね。生姜は修一さんが好きなので、ほぼ毎年。前に彼が浜防風をもらってきたので、植えてみましたけどあれはダメ。海辺の砂地にはえるものなので、ここの土が合わなかったみたい。

変わったものでいえば、くわいの水耕栽培を。水を溜めた大きな甕《かめ》の中で育てて、掘り出すのは年の暮れ。今年はその甕に、蓮も入れてみました。うまく育つかどうか……。ハーブなんかもいろいろ育てているし、リーキやズッキーニ、アーティーチョークなどの西洋野菜も。とにかく興味のあるものは、何でもつくってみるの、百姓百種の楽しみで。まだつくったことがないのは胡麻、こんにゃく芋、自然薯。一度は挑戦してみたいと思っているんですよ。

それでとりあえず、春に蒔く種を全部書き出して、ざっと金額を計算してみると、けっして安くはないんですよ。まあ、種類が多いこともあるんですが。だからというわけじゃないですけど、じゃがいもは、なるべくうちで収穫したものを種いもにして植えるようにしています。ほかにグリーンピース、空豆、きゅうり、パセリなんかは種が取れるので、できるだけ種を取るようにして。いまは、種苗メーカーの品種が改良されていて、種が取れないと言われていますが、数年根気よく続けていけば、そこの土にあった固定種の種になるようですよ。大根やキャベツなんかは、花が咲くまで植えておけないので採取できませんけども。なるべく自家株種を増やしていきたいと思って。

畑のスペースは限られていますから、そのつど、空いている場所に順番で種を蒔いたり、植えたりしていきます。そうやって、回していかないと間に合わないんですよ。最初の頃は、野菜の相性なんかを考えていましたけど、いろんな野菜を育てていくうちに、あまり気にしなくてもいいことがわかってきましたね。連作を嫌うもの、落花生なんかがそうですが、同じ野菜を続けて植えなければ、連作障害は起こりません。

あと、毎日食べる野菜は、少しずつ時期をずらしながら蒔いていくようにしています。いっぺんに終わってしまわないように、いろんな野菜をちょこちょこと、少量ずつ食べられるよう工夫をしながらね。それで、毎日見回って、出てきた葉っぱを触ってあげることが大切なの。そうすると気持ちが伝わるのか、不思議と応えてくれるみたい。


《修一のひとりごと》　いろんな野菜ができますから、うちの食生活は豊かですよ。去年は、いただいたジャイアント・パパイヤの苗を半信半疑で植えたら、実が二つなって、サラダと炒めもので賞味しました。

うちの野菜はどれも小ぶりなんですが、その分やわらかくて、味がいいんですよ。「野菜は穫りどきがあるから、そのタイミングを逃すと、おいしくない」って、少し早目に英子さんは収穫します。自給でね、貧しいものを食べていると思ったら、大まちがいですよ。最高級のものを食べて、最高級の暮らしをしていると、僕なんかは思いますよ。うちには預金通帳はないけれど、この預金にあたるのが、キッチンガーデンなんですよ。

幼い頃から菜園が大好きだった

―― 英子

私が育った半田の実家は、一〇〇〇坪あまりの敷地に、酒蔵、精米、樽屋などの酒造りの工房があって、中庭を囲むように本宅が建てられていたの。二〇〇年以上続いた小さな造り酒屋でしたけれども、たくさんの人が働いていたんですよね。

それだけの大世帯になると、よそから野菜を買っていたら大変ですから、自分のうちの菜園を持ち、小作のおじさんに野菜をつくってもらっていて、ある程度のものは、そこでまかなえていたんじゃないかと思いますけど。

私は学校から帰ると、すぐにその菜園へ行って、おじさんが作業する様子をじっと見ていました。「ちょっと、ひと休みするかなあ」と言っておじさんが地べたに座って、いろいろなことを語ってくれるから、それを聞くのが楽しみだったの。

とにかく、私は学校が嫌いで、勉強も苦手でしたからね。手を挙げて、みんなの前で発言したこともないほどの引っ込み思案だったし、指名されてもぜんぜん答えられないの。すると教壇からチョークが飛んできて。当時の先生はみんな恐ろしくて、子どもを叱ることが教育と錯覚しているような時代だったんですよ。それで嫌いな先生だと、ますます緊張してお腹は痛くなるし、トイレは汚ないし…、まあそんな、嫌な思い出ばかりしか浮かんでこないの。だから登校拒否寸前の児童よ。お家の中が一番好きで、畑は魅力的な場所で。小学三年頃になって自転車に乗れるようになると、ペダルをこいで、しょっちゅう菜園に通っていましたよ。

うちには酒樽をつくる職人さんが二人、働いていたんです。吾一さんという人が棟梁で、その下で働いていたのが文七さん。文七さんは歳が五〇くらいで、いつも鉛筆を削ってもらっていたの。鉛筆をおいておくと、きれいに削ってくれて、その鉛筆を持って学校に行くのが得意でね。母にみつかると怒られるから、こっそりと内緒で。

その文七さんにある日、「鶏小屋をつくってほしいの」と私が頼んだの。「へい、あっしから旦那さまに言っておきます」と言ってくれるから、私から父にはとくに何も言わずにすんで。子どもだった私は、父や歳の離れた兄たちと、直接言葉を交わすのがとても苦手でしたからね。

それで酒蔵の裏庭に鶏小屋をつくってくれて、「一〇羽くらい、あっしが用意しておきますから」と用意をしてくれる。「鶏にあげる菜っぱを育てたいんだけれど」と言えば、空いてる場所を耕やして小さな畑をつくってくれたり、「鶏が元気ないんだけど」「じゃ、ちょっと、診ますから」と見てくれて、「胃づかいをして、これはもうダメだから、あっしがもらっていって食べるわな」という具合なの。

ある朝、いつものように餌をやろうと小屋に行くと、鶏がイタチに襲われて大変なことになっていて、「文七さん!文七さん!」と泣きながら大声で叫ぶと、「何事です」「イタチにやられたぁ!」「まぁ、しょうがない。あとはあっしが全部かたづけておきますから」こんな調子で、いつも文七さんに何でもやってもらってたの。だから、鶏が飼えたのは文七さんのおかげですよ。いまだってほんとは、平飼いで鶏を飼いたい気持ちはあるけど、世話ができる自信がないから。

当時、菜っぱをつくったその畑は、あまり陽の当たらない小さな場所でしたけど、私の畑づくりの原点は、ここから始まっていたんだと思いますよ。菜園のおじさんや、文七さんのやることをいつも見ていて、いろんなことを自分の体の中に貯め込んだんじゃないかなと思うんですよね。

それから私が女学生になると、長男が結婚して造り酒屋を本格的に継ぐことになったので、私は両親と一緒に本家から、里山にある隠居家に移り住んだの。その隠居の近くには一〇〇坪ほどの空き地があって、「ここで、お野菜をつくりたい」とお願いをすると、ねえやが耕やしてくれて。

女学生になっても、授業が終わるとあいかわらず一目散に駆けて帰ってきて、土いじりに夢中になっていましたよ。半田に〈三・八の市〉がたつ日は、ねえやと野菜の苗や、種を買いに行ったりもして。梅の苗木を植えたり、いちごをつくったり、いろんなものをちょこちょこと育ててた。でも世話のほとんどは、ねえやがやってくれていたようなもんですよ。ねえやの実家は農家でしたから、何でもよく知っていて、手際もよかったし。

戦争がだんだんと激しくなっていくにしたがって、食糧も不足していきましたから、とにかく畑にはさつま芋をたくさん植えました。収穫した芋は蒸《ふ》かして薄く切り、大きなざるに並べて、屋根の上で干し芋をつくったりして。

戦争末期には、いよいよお米もなくなって毎日、さつま芋ばかり。ずっと、そんなものばかり食べていると、体におできができるんですよ。膿が出てようやく治ったかなと思うと、またどこかにできて。ようするに栄養失調だったんですよね。誰もがみんなそんな状態。でも、それでも、人間は生きていられるんだなあと思った。……まあ、何かしら食べていれば、生きてはいられるのね。

私たちの世代は、空襲にあったり、地震や伊勢湾台風、いろいろなことにあっているから、常に危機感があるんです。お金があっても、食べ物が何も買えなかったこともあるし。だから私が、土があるのなら、自分で食べられるものをつくろうとするのは、そんな経験をしていることも関係するんでしょうねえ。

《修一のひとりごと》 英子さんは女学校に入るときに、半田農学校に入りたいと駄々をこねていたとも聞きましたよ。それくらい、昔から土いじりが好きだったんですね。

野菜づくりの始まり

――英子

私が野菜づくりをスタートさせたのは、高蔵寺の岩成台の団地に越してきてからですね。高蔵寺農協のお世話で農家さんの土地を借り、家庭菜園を始めてみようと思って。ちょうどその頃、私は胃の調子が悪くて困っていたの。病院で診てもらうと、「胃下垂です」と。一食の量を減らして一日六食にするのと、食後三〇分は横になりなさいと医者から言われて。

ところが、「畑仕事をして腹筋を鍛えれば、胃下垂なんて治っちゃうよ」と、修一さんがポンと前向きな助言をしてくれたことで、往復一時間の道のりを、一輪車を押しながら農園へと通い始めたんです。午前中、子どもたちが学校に行くとすぐ畑に向かって、子どもが帰るまでには家に戻るようにして。これが、いざやりだしたら、面白かったの。同じ時期に始めたまわりの人たちは続けられなくなって、次々と脱落していき、その空いた土地をどんどん私は借りて、野菜を育てていったんですよ。もう、やみくもにつくっていましたよ、あのときは。そこで、ハッと気づいたのね。「あっ、私はこれがやりたかったんだ」と、子どもの頃の記憶が蘇ってきて。自分の夢だったことを、いつの間にかすっかり忘れていたんですよ、子育てやヨットに忙しかったから。それで夢中で畑いじりをしていたら、体力もついたんでしょうね、胃下垂も気にならず、体の調子もすっかりよくなっていたのね。

広島の田舎で、初めての米づくり ――英子

七五年に書かれた有吉佐和子さんの『複合汚染』（新潮文庫）は、衝撃的な内容でしたね。社会的にも、食べ物の安全性への関心が一気に高まって、私も自分が食べる野菜は、自分でつくろうと、ますますその思いを強くするきっかけにもなったことは確かですよ。それがちょうど、ここ（ニュータウン）の土地をお義母《かあ》さんから譲り受けて、いよいよ本腰を入れ始めた時期と重なっていたの。

その一年後（七六年）、修一さんは地域公団を辞めて広島大学に赴任することになってしまって。いつものように何の相談もなく、彼が勝手に決めてしまった後の報告でした。上の娘は、紬織作家の宗広力三先生のところに住み込みで修業中、下の娘は高校で寮生活をしていましたから、夫婦だけで行くことにしましてね。よく、旦那さんだけ単身赴任で離れて暮らすという話を聞きますけど、自分が賄いを預かっているという意味で、私が一緒に行くのはあたりまえだと、迷うことなくついて行ったんですよ。で、住まいは、大学から四〇キロ以上離れた一軒家にしました。あちこち探しまわって、ようやく決めたのは、最寄りの駅から徒歩で三〇分、一六戸の農家が集まった山の中の小さな村。お隣は田んぼをへだてたところに家があり、その家の吉田さんにお世話になって、田んぼと畑を借りましてね。里山の落ち葉と堆肥で、本格的に米と野菜をつくれることになり、うれしかったですよ、さあ、いよいよだと。

家庭菜園の経験はありましたけど、いままでとはスケールも環境も違いますから、最初は吉田さんに「お手伝いをさせてください」と頼んで、作業をしながら覚えていくことにしたの。住んだのは九月、ちょうど稲の収穫時期でした。稲を刈り取って束ねて、はざ掛けをする、この作業を連日繰り返すんですけど、腰を曲げたり伸ばしたり、重いものを持ったり、体のあちこちが痛くて、それはひどい筋肉痛でしたよ。家に戻ると床を這うようにして上がり、ぐったり。「しんどいなあ」とため息も出てきて、まあ、なんということはない仕事ですが、好きじゃないと、続けられなかったでしょうねえ。私はだんだんやっていくうちに体も慣れて、コツも少しずつわかってきたので、まあ、自分なりにマイペースで作業をこなしていったんですが。

それで、借りた畑は里山の段々畑で、減反転作の奨励金をいただくことになっていましたから、一定のじゃがいもと豆類を、そこでつくらなければならなかったんです。私がつくりたい野菜はその畑ではつくれず、家のまわりの小さな空き地を耕やして、生姜をつくったり、離れの空き地にはかぼちゃや、とうがん、里芋を植え、田んぼの畔には枝豆なんかをつくりました。段々畑の傍らに、山からの湧水がでてくる小さな水路がありましたから、そこにはくわいを植えて。

それと小さな田んぼも借りましたから、初めての米づくりにも挑戦しました。よそは機械で田植えをしていましたが、私は手で。化学肥料や農薬を一切使わずに育てようとしたので、手入れもそれなりにかかったことはありましたが。「根が張ってきたら、田んぼの中を歩くだけでも、中の水が変わっていいよ」と教えられて、ドロドロになりながら歩いたり。夏はふね（除草機）を手にして、田んぼの中を行ったり来たり。肥料は冬にまいた里山のシバ（腐葉土）と燻炭、鶏糞を運び込んだだけですから、はたして稲に栄養は足りているのかと、不安にもなりましたけど。でも、そんな心配をよそに稲は順調に育って、秋には稲穂が垂れるほど実って。ここも機械を使わず手作業で。いまは機械で刈って、天日に干さずにその場で直接脱穀されて、籾は袋詰めになりますけど、当時、ほとんどの農家は、天日干しをしていましたよ。風にあてて充分乾かすことで、穂の先まで養分が行き渡っておいしくなるということでね。

最初の年、七〇〇平方メートルの田んぼから収穫したのは七〇キロ。「初めての年にしては、まずまずのできだよっ」と吉田さんにほめられて、うれしかったことを覚えてます。さっそく精米機を購入してきて精米し、土鍋で炊いて食べました。もう、満足で胸がいっぱい。

ここでの一〇年に及ぶ田舎暮らしは、いまの生活に繋がるもので、なくてはならない貴重な経験でしたね。あの一〇年があったから、八〇を過ぎてもこうして、割合に元気でいられるんだと思うんです。人間って、動けば動くほど、動けるようになるんですよ。疲れやすく、病気がちだった私がこんなに丈夫になったんですからねえ。

《修一のひとりごと》　僕も稲刈りや、はざ掛けを手伝ったりしました。そのはざ掛けをした稲藁の色つやは、農薬を使った田んぼのものと比較すると、生き生きと美しく見えましたね。味も、もちろん抜群でね。

「もう少し食べたい」くらいがちょうどいい　――英子

「果樹は五〇種が目標」と思って、ありとあらゆる苗木を取り寄せて植えてきたんですよ。でも、だいたいは二、三年のうちに淘汰されてなくなっちゃいますね。土や環境との相性があるし、消毒なしで果樹を育てるには、ひと工夫いるみたいで。今年は三度目の正直で、ブルーベリーの木を数本植えたところなんですよ。今度こそ、枯れさせないようにしようと思っているんだけど。

そこいくと甘夏は、どこでも育ちますね。お庭があったら一本植えておくといいですよ。うちには三本の甘夏があって、そのほかに三〇種以上の実のなる木が畑のまわりに植わっているの。柿、栗、梅、さくらんぼ、ざくろ、いちじく、フェイジョア、ぶどう、びわ、すもも、ソルダム、ジュンベリー、バンペイユ、くるみ……四季折々、いろいろなものがなって楽しみですよ。寄せ集めると、これでけっこういろいろなものをつくって、みなさんに分けて差しあげられますから。

今日は、甘夏でマーマレードをつくろうと思いましてね。四月中に甘夏を収穫してしまわないと、花が出てきてしまいますから。ほんとは、こんなにたくさんの実をならせちゃダメなの。実が小さいうちに、適当に間引いてあげないと、大きくなれないのね。

こうやって毎年のようにたくさんのマーマレードをつくりますけれど、じつは、私はあまり好きじゃなくて。修一さんは夜、コーヒーを飲むときにパンにつけたりして食べますけど、一人じゃそんなに食べられませんから、つくってもほとんどは人にあげちゃいますね。差しあげる方がいないと困るんですが、うちへいらっしゃる方が多いのでよかった。

それじゃあ、甘夏の皮をむいていきましょうか。むいた皮は、細く刻んで土鍋へ。ここにひたひたの水を加えて、火にかけます。ひと煮立ちしたら火からおろして、煮汁は全部捨てます。苦味があるのでね。流水にしばらくさらしておくと抜けますよ。私は夜寝る前に、蛇口の水を細く垂らすように流し続けておくの。翌日水から煮て、皮がやわらかくなったところで、絞った果汁とグラニュー糖を加え、汁けがなくなるまでゆっくりと煮ていくの。グラニュー糖の量は、甘夏の酸味の程度によるし、味の好みも人によって違うので、自分で味を見ながら決めていくといいと思うんですよ。自分の舌の感覚を大切にしてね。

うちではほかに、いちごやいちじくのジャムをつくります。どちらも収穫したらグラニュー糖をまぶして、そのまま冷凍庫で凍らせておいて、それでジャムが食べたいと思ったら、凍ったまま土鍋に入れ、火にかけて煮ていくの。通常はジャムにして保存しておくけど、煮てすぐに食べたほうがフレッシュ感があっておいしいかなあと思うから、もう長年、このやり方でね。収穫する量が多くありませんから、そんなたくさんはつくれないけど、「もう少し食べたい」と思うくらいがちょうどいいのね、ジャムに限らず何でも。また、来年を待つ楽しみができますからね。

●マーマレード

材料　甘夏、グラニュー糖

1皮をむき、縦に細く切る。実はジューサーなどで果汁にする。

2鍋に入れて茹でる。沸騰したら火を止め、煮汁を捨てて流水でアクを抜く。

3土鍋に水を加えて煮る。皮がやわらかくなったら、果汁、グラニュー糖を加え、汁けがなくなるまで弱火で煮ていく。

不作のときこそ、ありがたみを感じる

――英子

うちには二本の栗の木があるのね。大きな実をつける和栗と、もう一本は「倉方早生」といって、中国栗と交配させた品種で、これは甘栗のように皮がむけやすいの。種苗メーカーから取り寄せて植えたんですが、棒きれのような細い苗木で、なんとも頼りなくてね。それがこんなに大きくなって、いまではたくさんの実をつけてくれますから。

朝夕、長靴を履いた足で落ちている栗を挟み、ゴソゴソやりながら実を取り出すの。いつも六袋くらい採れますけど、今年は不作で。豊作の年と、そうでない年があって、これは栗に限らず、どんなものでもそうですけどね。豊作のときは、二人では食べきれないほどの量が収穫できますから、お菓子をつくったり、人に贈ったり、それはそれで忙しいの。逆に不作の年は、そのありがたみをしみじみと感じますよね。

誰かが栗の皮をむくのが大変なんて言っていましたけれども、一気にやろうとするから大仕事になってしまうの。私は、あれやり、これやりで少しずつやりますから、「大変」というふうには、思ったことがあまりないんですよ。

夜、皮だけむいて水に浸しておいて、翌日は薄皮をむいて、というふうに進めていくの。若いときは何でも一気にやっちゃおうと思うでしょ、それで嫌になっちゃうのね。根を詰めすぎず、ほどほどにやるのがいいみたい。台所のおそうじなんかもね、一気に片づけようと思えば億劫になるけど、時間のあるとき、すきまの時間にちょっとずつやっていけば、あまり苦にもならず、やっていけるんですよ。汚くなったものは、その分の時間をかけてきれいにしないとダメだと思って、私なんかは気長に掃除するの。

栗って、収穫したばかりのときは、あまり甘くないんですよ。殻付きのままひと月くらい冷蔵しておくと糖度が増して、ぐっと甘くなるのね。うちでは冷蔵庫でしばらく寝かせておいてから、ゴソゴソと取り出して食べます。冬じゅう入れっぱなしでも大丈夫ですよ。

食べるときは皮にちょっとキズをつけて、魚焼きのグリルで焼いて食べるの。倉方早生の実なら熱いうちに皮をむくと、渋皮も一緒にきれいに取れます。秋の夜、修一さんはこれを肴にしてワインを楽しむんですよ。グラス一、二杯の晩酌が日課ですね。

栗のない時期に食べたくなると、名古屋市内に行ったとき、わざわざ甘栗を買い求めてくるくらいですからね。歳をとると、こういう素朴なものが、何よりおいしく感じるんですよ。

庭にいろいろなものがなる暮らしは、豊かで楽しいですね。

次の世代に役立つよう、木を植えるんですよ。

●栗きんとん

材料　栗、グラニュー糖

1栗を皮つきのまま茹でて、横半分に切る。中身をスプーンでかき出し、耐熱容器に入れる。

2グラニュー糖を加え混ぜ、アルミホイルを被せる。グラニュー糖が熱で溶ける程度にオーブンで焼く。その後、茶きんを絞る。

★水あめを加えてもいい。

●栗まんじゅう

材料　10個分　栗、A（白あん、砂糖、水あめ）、B（小麦粉100g、砂糖50g、卵1個、イスパタ小さじ1/3、ショートニング大さじ1）

1栗を皮つきのまま茹でて、横半分に切る。中身をスプーンでかき出し、Aを混ぜて、中のあんをつくる。

2Bを混ぜて皮をつくり、手で薄く伸ばす。1のあんを包み込み、オーブントースターで焼く。

★イスパタとは、膨張剤の一種。和菓子に適したイーストパウダー。

ゆべし　――英子

うちは花柚子の小さい実が毎年たくさんなるでしょ、その様子を見たご近所の佐藤さんが、「ゆべしをつくるといいですよ」って、つくり方を教えてくれて。私はそれまで食べたこともないし、なじみも薄かったんですけど、こうやってつくるようになって一〇年以上が経ちますね。

その佐藤さんという人は獣医さんで、田んぼを借りてお米をつくっているの。秋に脱穀を終えると、稲藁をここまで運んで来てくれたりして。稲藁は畑にまいたりするので、あるととても助かるんですよ。で、私は焼いたお菓子とか、ゆべしをあげるの。物々交換みたいにね。たしかご出身は越後の方で、ゆべしはなじみ深い食べ物なんでしょうね、薄く切ったものをごはんのおかずにするって言っていました。昔は畑仕事なんかに行くとき、おにぎりとゆべしを持って、野山で食べたりしたんじゃないのかしらと思いますよ。味噌やくるみ、ごまなんかが入っているから、栄養もあるし。

もし、柚子がたくさん手に入ったら、つくってみるといいですよ。酒の肴になるし、お茶受けにしてもいいの。柚子は中をくり抜いて皮の部分だけ使いますから、果汁は料理に使うといいですよね。すぐに使わないときは、果汁を冷凍しておけばいいの。

中に入れる味噌は、八丁味噌、白味噌、紅麹味噌の三種類をブレンドしています。違うタイプの味噌を何種類か合わせることで、コクが出て味わいが深くなりますからね。

●ゆべし

材料　花柚子60個、A（八丁味噌、白味噌、紅麹味噌を各700gずつ、小麦粉100g、てんさい糖700g、砕いたくるみ、落花生を各100g、金ごま80g）

1柚子の上、三分の一を切って（これを蓋に）、中身をスプーンでくり抜く。
2Aをよく混ぜ合わせる。
3くり抜いた柚子を釜に見立て、2を半分くらい詰める。柚子の蓋を被せて3時間蒸す。蒸しあがったら布巾をかけ、三日間風通しのいい場所に干す。和紙にひとつずつ包み、ぎゅっと形を整え、輪ゴムで口をとめる。風に晒して一ヵ月おく。

★柚子釜に味噌を詰めるときは、なるべく空気が入らないように詰めていく。詰めすぎると、蒸している途中、中身が膨張して出てしまうので量は少なめに。

畑づくりこと始め　――英子

有機コーヒー豆を使った喫茶店が、ご近所にあるんです。どうやら私たちの暮らしに興味をもたれていたみたいで、一五〇坪の土地を購入し、三〇年かけてりっぱな畑にしていきたいんですって。それで先日、アドバイスを求められましてね。「まずは土をつくるところから、始めなさい」と助言したんですよ。やみくもにいろんなものを植えたいというのはわかるけど、土づくりが一番大事だからと。家庭菜園を始めた頃の私がそうで、その経験をふまえてのことばだったわけ。

ここは山を削ってつくった造成地で、うちはまず、畑に土を入れるところからのスタートでした。修一さんに土を注文してもらったんですが、トラックで運ばれてきたのは田んぼの土。ひと言相談してくれれば、「山砂にして」と言えたんですけども。田んぼの土は雨が降ればベタベタ、天気になればカチカチ。とても作物をつくれる状況ではなくて、あきれはてしまって。おまけに次から次へと、無数の小さな雑草がはえてくるし。固くなった土を砕いては草を取り、腐葉土を入れては天地を返して、といった地道な作業をずっとくり返しながら、長い年月をかけて土を改善してきたんですよ。だから喫茶店のご主人には「くれぐれも山砂を買って入れなさい」って。小さなトラックでいいから。そこにコーヒーかすとか腐葉土を混ぜながら土を上積みしていって、それから始めなさい。一朝一夕にはできないから、気長に土をつくっていく気持ちでねと。

身近なものを役立てる

――英子

私たちが土を肥やすためにやってきたことは、とにかく落ち葉をたくさん入れることだったの。それとコンポストで熟成させた肥料を混ぜて。うちから出る野菜くずや、卵の殻、茶殻などの生ゴミは、すべてコンポストの中へ入れます。で、乾いた落ち葉をかけて、ときどき上にのっかってギュウギュウ踏むの。押してあげないと、ふわふわのままですから。匂いはないですよ。いっぱいになったら、そのまま五ヵ月間寝かせておくの。やがて分解されてホロホロになりますから、それを畑にまくのね。卵の殻なんかは、まだ残ったままですけど、畑にまいてしまえば、すぐにこなれちゃいます。なんといっても栄養が豊富、家庭菜園ではこれが力強い存在になるんですよ。

地面にまいたら、すぐに終わっちゃうくらいのわずかな量ですけども、こうやって身近なものを役立てられるというのは、いいことですよね。捨てればただのゴミですけど、活かせば土は豊かになっていくわけだから。売っているものに頼らなくても、自分がやろうと思えば手軽にできますからね。

いつだったかテレビの料理番組を見ていたら、生産農家さんがいろんなものを畑の中へ入れていたの。昆布とか貝殻とか。昆布はヨウ素で、貝殻はカルシウムですよね。人間が食べる体にいいものは、土の栄養にもなるし、植物も喜ぶということでしょ。生きものは、すべて同じなのね。だからそういうものを考えて、土の中へ入れればいいということでしょ。やっぱり野菜の味をよくするのは土だと思うの。うちも始めた頃と比べると、ずいぶんおいしくなりましたよ。だけど水けが多い土で育つからなんでしょうね。じゃがいもなんかはまだ水っぽい気がするし、さつま芋はホクホク感が足りない。途中、もう一度、山砂を入れればよかったんでしょうね。体力がいることだから、ついそのままになってしまって、いまに至るわけだけど。

前に、沖縄の島らっきょうを育てたんですが、〈津端さんちのらっきょう〉になっちゃいました。鳥取砂丘の真っ白ならっきょうを育てたときも、少し黄色っぽくなっちゃったし。水上勉さんの『土を喰らう』（新潮文庫）に書いてあったとおり、そこの土のものに、結局はなっちゃうんですね。だから、その土地にあった地方の地もの野菜が、そこで育つというのは、納得できることなんですよね。水なんかもうちは、常滑の大きな壺に雨水が溜まるようにしてあって、それを畑で使うようにしています。これも自然のものをできるだけ利用しようと思って。あまり無駄づかいをしたくないのでね。今年の夏はちょうどいい具合に、夕方ぐらいから雨が降り出して、水をまく手間が省けて楽でした。やっぱり、じょうろに水を汲んで運ぶのはひと苦労ですからね。

《修一のひとりごと》　ここに住む以前から英子さんは、コンポストで生ゴミの処理をしていました。市から助成金が出るというので、喜んでコンポストを購入したのが始まりでね。ここへ住んでからはその数がずいぶん増えて、いまでは七個のコンポストを並べて肥料をつくっているんですよ。

とにかく「見守る」

――英子

ここは、お義母さんからいただいた土地で、次の世代に渡さなければいけないから、主人も私も、自分たちのものとは思っていないの。もっと、もっと落ち葉を入れてフカフカにし、豊かな土にしていこうと……、土がよくなれば、どなたでもできますからね。何もできなかった私にだってできたんですもの。

娘が「お母さん、いつ何の種を蒔くとか、そういうことをきちんと紙に書いておいて」と言いますけど、「土がよくなれば、そんなのいつでもできるから、自分流にやっていきなさい」って。春と秋のお彼岸前後に種を蒔く、というのを頭に入れておけば、まずまちがいはないですよ。あまり早いと霜でダメになることもあるから、それくらいのタイミングで種を蒔けばね。私も種を蒔いて芽が出てこないことがありましたよ。それも、またひとつの経験になるの。何が悪かったか、原因を考えるでしょ。自然が相手ですから、仕方がない。お百姓さんがつくるような、りっぱな野菜をつくろうなんて考えないで、まずはやってみようという気楽な気持ちでね。

それで芽が出てきたら、とにかく見てあげることね。子どもを育てるのと一緒ですよ。小さいときは充分手をかけて、ある程度まで育てたらあとは見守るの。大きくなれば、ほっといても大丈夫ですから。……でもね、野菜を育てているつもりでも、案外、人間が育てられているんじゃないかしらと思いますよ。

ときどき、子育ての相談で、アドバイスを求められることもありますけど、総じて言えることは、もっと動物的な感覚を研ぎ澄ましたほうがいいと思うんですよ。いろいろ話し合うより、先に自分の頭で考えてみる。そういうことは人から話を受けてもダメなんです。よく見てあげて、気づいてあげるのね。みんな同じじゃないですもの。一人一人、みんな違う。マニュアルなんかないの。

畑に育つ野菜も、同じようでも決して同じものはないのね。大きさも、形も。よく見ていると、それがわかるの。芽の出方がどうだとか、葉っぱに元気がないとか、そういうことはやっているうちに、だんだんとわかってくるんです。肥料がちょっと足りないかな…と思うなら足してあげて。私は自己流でここまできましたけど、それは、だんだんと見て感じられるようになったからです。まずは、自分で育ててみることが大事なことですよ。

ベランダでも、野菜は育てられますからね。わざわざ、植木鉢を買ってこなくていいんですよ。スーパーから発泡スチロールのトロ箱をもらってきて、底に小さな穴をあけて、土を入れれば充分に用をはたしてくれる。で、初めての人には「お菜っぱからやりなさい」と、すすめるのね。あまり失敗せず、育てやすいから。ねぎの根っこのほうだけを植えて、上のほうをチョンチョンつまんで食べる人もいますよね。そんな小さいことからでも、やっていけばいいですよ。お味噌汁に入れるくらいの野菜をね。初めから立派な野菜をつくろうとか考えないで。自分で世話をして育てることで、何か見えてくるものがあるから、まずはやってみることだと思うの。

ハブ茶——つくって飲んで二〇年に

——修一

僕たちはお茶の時間もしくは食後に、ハブ茶を飲んでいるんですよ。体の内部をきれいにするだけでなく、整腸作用もあってね。天気のよくない日が続くと、畑での作業もできませんから運動不足になるでしょ、すると便秘がちにもなって。そういうトラブルも、このハブ茶が解消してくれる、まさにありがたい存在なんですよ。

うちでは持ち手付きの紙袋を一二枚ほど用意し、その袋に、収穫したさやを均等に入れていきます。一袋をひと月分のハブ茶の目安として。これを風の通る納屋の天井につるし、自然乾燥をさせながら保存するんです。完全に乾燥すると、さやは黒くなります。

お茶として飲むときは、この黒いさやから小さな実を取り出し、鉄鍋で煎ります。ごまのようにパチパチと音がしたら、すぐに火を止めて。ティースプーン一杯で、ブランデーのような色が出て、湯飲み茶わんで一〇杯は飲めますよ。

松山に住む友だちに差しあげたら、「子どもの頃、ハブ茶を飲んでいました」とお礼状がきましてね、「大人は緑茶で、子どもはハブ茶。夏になると麦茶で。どこの家もあたりまえに飲んでいたのに、いつ忘れちゃったんだろうと考えています」と。お金を出せば、手に入らないものはない豊かな時代ですが、ハブ茶は残念なことに、出回っていないんですよ。種苗会社でも、こういうものは扱っていないみたいだし。

それでハブ茶の存在を、もっと世の中に広めたくて数年前、『やさい畑』(家の光協会)

という雑誌の連載中に、「ハブ茶の種をプレゼントします」と欄外に入れてもらいましてね。すると、日本のあちこちから葉書をいただいて、びっくりしました。

予想以上の反響に、うちのストック分では足りそうにもなくて、でも、少しずつでもいいからと、できるだけ多くの方に送ったんですけど。後日、みなさんから一〇〇通以上のお礼状が届いて、この方たちがハブ茶を育て、収穫した種をさらに、別の友人に分けて広めてくださっているみたいですよ。お手紙をいただくと、僕がまた返事を書きますから、いまだにやりとりが続いている方もいます。

世代を超えて、日本中でこういうものが見直されていくのは、うれしいですねえ。こんなささやかなことだけど、こういう形で世の中と接していくと楽しくなりますよ。僕らが元気なうちは、地道ですけども続けていこうと思っています、未来にむけての種蒔きをね。

ハブ茶って僕らは呼んでいますけど、正式な名称は〈エビスグサ〉といって、マメ科の一年草なんですよ。生命力が強い植物ですから、春に種を蒔いたら、あとは、ほおっておいても大丈夫です。虫もつきませんから手入れは不要だし、プランターでもすくすくと育つようですよ。

うちではもう二〇年以上、ハブ茶を育てていて、こぼれ種からたくさんの芽が出てきて、あらためて種を蒔くことはしていないんです。いつの間にか発芽して、草丈が一メートルほどにも成長し、夏に黄色く鮮やかな花が咲きます。やがてさやができ、秋になると金茶色のさやに変わります。そしたら穫り入れどきで。

●エビスグサ
マメ科。北米原産、日本には一八世紀の初め頃渡来。漢方では緩下、強壮薬、眼病の薬として用いられる。民間では焙じたものを「ハブチャ」と呼び、茶と同様に用いると便通をよくし、健康増進によいといわれる。

暑くなると僕は水代わりにガブガブ飲んでいますから、急須で淹れていたら間に合わないって、英子さんはホーローのやかんに煎った種を入れて、煮出しています。

みなさんもこういうものを飲んで、自分のライフスタイルを見つめ直すきっかけをつかめるといいなあと、思うんです。自分で感じない限り、人は動かないものですからね。

《英子のひとりごと》うちにいらした方には、ハブ茶の種をプレゼント用に用意しているんですよ。さやに入ったままの状態で袋に詰めて。みなさん、喜んで持ちかえってくださいます。みんなに育ててもらいたいですね。こういうことは、小さい単位で始めていくのがいいから。風が吹くように、どんどんと広がっていくといいですね。どんどん、とね。

大麦を育てて麦茶づくり

――英子

この大麦の種は広島で暮らした一〇年間、そこでお世話になった吉田さんにいただいて持ち帰ってきたものなの。毎年、自分で育てるようになって、もう三〇年近くになりますね。一一月に種を蒔くと、冬の寒い時期に真っ青な芽を出し、その小さな芽を足で踏んで初夏に刈り取るの。二区画分（四坪）を使ってひと夏分の麦茶がやっとまかなえるくらいですから、たいした量はとれないですよ。それでも、孫のはなこさんに飲ませてあげたいと思って毎年つくるの。

私も子どもの頃、夏は麦茶を飲んでいました。菜園でつくった大麦を、飯炊きの小僧さんがお竈《くど》で大麦を煎って、その煎った大麦を〈麦茶沸かし〉といって、アルミでできた長い筒のような入れ物で、井戸に何本も冷やしてあったんですよ。そうやって自分が育ってきたから、はなこさんにもそうしてあげたいと思うんじゃないかしら。

陽気が温かくなるにつれて麦の穂はどんどん膨らんで、やがて穂先が黄色くなっていくの。すると、どこからともなくすずめが食べにきて。だから、こっちも食べられないように網を上から被せてガードをするの。まあそれでも、すずめはやってくるわけだけど。でも、わずかな大麦なので、こっちにとっても貴重なのね。今年は天候の影響でできがあまりよくないこともあって、少し早めに収穫をしたんですよ。長く伸びた麦を根っこごと引き抜いて、穂先だけ刈り取るの。歳とともに力も弱くなってきているから、本数を少なめにして、束で引っこ抜く。頑張りすぎると腰にきますから、ゆっくり、休み、休みながらね。それで穂先を刈って、莚《むしろ》の上に広げて干していると、今度は鳩がやってきますから、風通しのいい納屋へ移し、そこで乾燥させます。穂先が黄色く乾燥したら、次は脱穀。この一連の作業は修一さんにやってもらうんです。彼はていねいですからね。ビール瓶でトントンと叩いて粒をバラバラにし、手で揉みほぐす。それから扇風機の風を利用して籾の選別を。風の前で麦を落下させると、重みのある籾は下に落ち、その籾をざるに入れて水洗いし、また乾かします。

　ここまでやって、ようやく大麦を煎る作業に入るんですよ。用意するのは中華鍋。煎っている間に、大麦が膨らんで量が増えていきますから、深さがあるほうがいいんです。鍋に大麦を入れたら最初から強火で煎っていくの。鍋肌が熱くなってくると、パチパチと麦がはじけて鍋の外に飛び出ますから、ひろって戻し入れながら。色が変わるのは早いんですが、まだまだ。穂先が焦げて、煙がもうもうと出ますけど、木べらで絶えず混ぜながら煎り続けます。粒が丸く膨らんできたら、だいぶ中まで火が入った証拠で、そしたら火をだんだん弱くしていくの。自己流なので、どの状態まで煎れば完成かというのは、説明しにくいんですが、なんとなく自分の勘でね。

　これではなこさん用の、ひと夏分の麦茶のできあがりですよ。麦茶にするまでには手数がいるけど、はなこさんが「おいしい」って飲んでくれれば、それでいい。自分たちでつくったという喜びと安心がありますから、かかる手間なんてなんでもないの。だからこうして続けられるのね。

20
19

ヨーロッパのキッチンガーデンとの出会い　――修一

いまから約三〇年前、広島大学にいたとき、僕はヨーロッパへ行って初めてキッチンガーデンを目にしましてね。九割の人が庭なしマンションに住みながら、その人たちが庭を手にしている。それがヨーロッパじゅうに広がっていることを知って、驚きました。

その本拠はフランスにあると。そこでフランスの人たちの暮らしを調べまして、新聞で紹介したんです。「庭のない住宅は、住まいとは言えない」もう、そろそろ気づいてもいいんじゃないですかと。バブル経済がはじけつつあった、平成の初め頃だったと思いますが。ドイツのフランクフルトのような大きな都市でも、みんながクラインガルテン（市民農園）を持っています。そもそもドイツでは、産業革命期に失業対策事業を兼ねて市民の手で開墾させた農園から始まったもので、二度の大戦の際には食糧自給難の克服のために、そして第二次大戦後は戦災で住宅を失った市民に、四〇〇平方メートルを超える一区画が再分配された。ですから街がゴチャゴチャに混み合っているような所であっても、みんな自分の土地を持って暮らしているんです。ロシアだって「ダーチャ（自家菜園）に学ぶスローな暮らし」と言って、政治の変革や、戦後の変革があっても、庶民がダーチャを持ち、一人一人の暮らしを安定させていたから、なんとか激動の時代をきり抜けてこられたわけで。

ヨーロッパは耕やす庭がほしいといえば、年金・福祉に続く第三番目の社会保障制度として、その庭を提供してくれることが約束されているんですね。つまり「庭のない住宅は、住まいとは言えない」という庶民の考え方が、ヨーロッパ社会を安全に支えている、と言ってもいいと思います。与えられる福祉に頼らず、自立するシルバーを育てるための社会的工夫でもあって。

僕が子どもだった頃は、東京だって農地がけっこうあって、魅力的な空間だったんですよ。みんなが、自分で食べる野菜をつくっていた。しかし、いまはお金があれば、ほしいものがすぐ手に入るという世の中のシステムが、とてもいいものだと思われているのか、土地がどんどん手放されてしまって……。実のところ、お金なんて、ものすごく脆弱なものなんですよ。紙切れなんですから。ほんとは政府が土地をつくりだして、庶民にプレゼントするべきなんですよ。土地を押さえて再分配してやるとかね。現実にはならないでしょうね、あくまでこれは理想論であってね。どういう形で、自分の庭を取り戻していくかは、それぞれが考えるしかないです。

あの、英子さんにも言うんですけれど、みなさんは「私たち」と、お話をしますが、本来は「私が」ということで、一人ずつ、自分でできることを考えながら暮らさなければいけないと思うんですよ。群すれば解決するというのではなしに、一人で解決するという意欲を持つようになることが必要だと思います。どんなに社会保障がよくなっても、年金がたくさんもらえるようになったとしても、土地がないところで暮らすというのは、あまり幸せなことではないと思います。まずはプランターで野菜を育ててみることから、始められたらどうでしょうかね。

最後は土に戻す

――修一

うちの庭の雑木林は、エゴ、ソロ、ナラ、クヌギ、ケヤキ、ムクが生い茂っています。三五年前、営林局に勤めていた友人から、小さな雑木を山で一八〇本集めてもらい、それを一本、一本植えていったんですよ。その後、競うように大きくなって一〇年もたつと、高木と低木を取り混ぜたような小さい林ができあがって、いまでは大きくなった木は伐り倒し、わが家の椎茸の原木も、この雑木から自前でできるようになりました。

毎年、春先に二〇本くらいずつ、新しい原木に菌を打ち込んで、できた原木は北側の、あまり陽の当たらない竹林の足元に立てかけておきます。乾燥するといけないので、ときどきホースで水をまいたりして。早いのは、夏を越したあたりから出てきますね。来年、再来年に出てくる椎茸もあって、こっちの都合など関係なしに、気まぐれにあちこちから出てきますから。自然のものは長く時間をかけて、じっくり見守っていくことになりますね。

そこへいくと人間社会は、すぐに結果を求められる時代になってしまって。学校でも、会社でも。直接、目に見える数字や結果を、あまりに重視しすぎるんじゃないですかねえ。早熟の人もいれば、マイペースの人もいるわけで。うちの子を例にあげますとね、あの棚の上に飾っている〈ミレーの『種をまく人』〉がありますでしょ。あれは、次女が中学一年の美術の時間に粘土で制作したやつで、「これはすごいものをつくった！　君は才能があるね」と僕は当時、ほめて、ほめて、ほめまくったんですよ。それで「君は大器晩成だよ」と言いながら。学習塾には一切行かせず、公立校から短大へと進んで、好きな幼稚園の先生になり、いまも現役で働いています。五十代ですけど、まだくたびれもせず、懸命に仕事に励んでいる様子を見ると、よかったですねえ、ずっとほめておいて。あの大都市では、優秀な人材を育成しようとして私立の学校がとても多いんですけど、どうなんでしょうか。僕はいろいろな人間がいる環境で育つほうがいいと思うんですけど。むしろ、そっちのほうが健全に育つんじゃないかなあ…と。自然界と一緒でね。

話が横道にそれてしまいましたが、椎茸栽培はここに住む以前、団地のベランダで最初に始めたんです。原木が売られているのをみつけまして、半信半疑で、娘たちと一緒に菌を打ち込んで立てかけておいたんです。で、ある日、小さい傘が顔を出し、数日のうちにどんどん大きくなり、収穫して食べたらおいしくって。肉厚だし、ジューシーだし。こういうものはやっぱり、自分でやってみないと、そういう面白さはわからないですね。

うちでは冬場、お風呂場に原木を持ち込んで、立てかけておきます。温かくて適度な湿度もありますから、椎茸がどんどん出てくるんですよ。で、お風呂につかりながら、いくつ出ているかって数えるのは、愉快ですよー。この原木は最初は密度があって重いんですが、三年ほどで中がスカスカになり、取り換えどきになります。スカスカになってもゴミとして捨てるのではなく、時間をかけて腐らせながら、最終的には土に戻してやるんですよ。

コロッケ　――英子

「今晩、何にする?」とにかく毎日のことですから、献立に困ったときは修一さんに聞くの。すると、たいてい「コロッケがいい」と。返ってくる返事は、わかるんですけども。体が欲しているんでしょうねえ。おいしく食べられるものが一番だから、「ちょっと、時間が遅くなるけどいい?」「いいよ」と。それから畑へ出て、じゃがいもを掘ってきて、つくり始めるわけですけど。

うちでは二種類のじゃがいも〝出島〟と〝インカのめざめ〟をつくっていて、コロッケに使うのはおもに出島のほうを。水分が少なくて、ホクホクしているんですよ。インカのめざめは、中が黄色で、小粒ですけど味がいい。煮くずれしにくくて、素揚げにするとおいしいの。今年のじゃがいものできは、例年と比べると、水分がやや多いように感じますね。春と秋、年に二回植えつけをして、これまで何十回とつくってきましたけど、これだけ経験を重ねていても、よくできる年と、そうでない年があって、作物を育てることって難しいですね。

私はたいていの料理は、時間があるときにつくって冷凍しておくんですが、コロッケは唯一、そのたびにつくるの。やっぱり、揚げたてが一番おいしいと思うから。でも、娘のところには、冷凍して送りますけど。娘は電子レンジでチンとすれば、すぐに食べられますからね。

うちは、電子レンジはないんですよ。前に娘が便利だからと、電子レンジと圧力鍋を買ってくれたんですが、どちらも使いこなせなくて結局、返しちゃいました。私は機械が苦手なんですよ。もともと、そういうものを使ったことがないから、娘の言う「便利さ」も知らないの。それに、こういう暮らしがとりたてて「不便」とも思わないし。

　じゃがいもに火を通すのも、電子レンジだとあっという間なのかもしれませんけど、うちは蒸籠《せいろ》で蒸かすのね。中華鍋に水をはって蒸籠をのせるやり方が、一番しっくりきて。竹を編んでつくられているので余分な蒸気が中にこもらず、だから、食材もふんわりと仕上がるんですよ。ご飯の温めや、蒸し野菜なんかもこれで。それで、冷めてもおいしいのね。

　お肉屋さんなんかのコロッケはラードとかで揚げてありますよね、うちは、さっぱり食べたいのでサラダ用菜種油を使います。厚みのある鉄鍋に、ドボドボとたっぷり入れて。だからでしょうね、その様子を見ていた人に、使ったあとの揚げ油の後始末を聞かれましてね。私はいつも、ティッシュペーパーを使って濾すの。空き瓶の口にティッシュペーパーを一枚のせ、ここへ注いでいくんだけど、冷めると油に粘り気が出て濾しにくくなりますから、熱いうちにね。この濾した油は炒めものをするときに使ったり、揚げものに繰り返し使ったりして、それでもくたびれてきたら、最後はコンポストの中へ入れて肥料に。廃油として捨てたりすることはないですよ。

●コロッケ

材料　じゃがいも、牛切り落とし肉、玉ねぎ、塩、コショウ、衣（小麦粉、溶き卵、パン粉）、揚げ油

1じゃがいもは皮つきのまま蒸かし、熱いうちに皮をむく。ボウルに入れ、すりこ木で粗めに潰す。

2牛肉を小さく切って炒める。みじん切りにした玉ねぎを加えて炒め、塩、コショウする。

3潰したじゃがいもに、2を加えて混ぜ合わせる。俵型に形を整え、小麦粉、溶き卵、パン粉の順に衣をつける。

4揚げ油を熱して、きつね色に揚げる。

★じゃがいもは熱いうちに皮をむくのが肝心で、冷めると粘り気が出てきてしまう。

じゃがいもでつくったパン

――英子

うちの朝ごはんは、主人はご飯で、私はパンなんです。自分の好きなものを食べたほうがいいかなと思って、別々のものを用意するの。

私は小さい頃、とにかくお腹が弱かったので、おやつはボーロか卵せんべいと決まっていました。ケーキなんか食べた記憶はないですよ、せいぜいカステラ。あれは母がつくったカステラだったのかもしれませんね。四角い木の枠にザラメを敷いて、生地を流して焼けば簡単にできますから。

半田の実家には、私の背丈ほどもあるフランス製のりっぱな鉄のオーブンがあって、それでパンとかもよく焼いてくれていたの。私が女学校に上がるくらいまで、母が焼いたパンを食べていましたよ。夜、母がじゃがいもをすりおろしていると、あっ、パンを焼くんだなってわかって。そのすったじゃがいもに酵母を混ぜ、一升瓶に流し込んで綿栓を詰め、暖かいお風呂場へ持っていくの。造り酒屋ですから発酵のことは、何らかの知識を持ち合わせていたんでしょうね。翌日、その発酵させた種をドボドボとメリケン(小麦)粉の中に入れて、手で生地をこねていました。すると、すごーく、いい香りがしてきて、焼きあがりが待ち遠しくなるの。

それで焼きあがると母は、熱々のパンを手に取ってパッと割り、それからヘリのほうを持って、スウッーと下まで裂いていく。薄く、きれいに裂けると「うまく焼けた!」

と喜んで。でも、焼きたてのパンは生パンと呼んで、それをさらに火鉢にのせた網の上でトーストしないと、私は食べさせてもらえなかったの。消化が悪いからという理由で。ときどき、干しぶどうを入れて焼いてくれたりもして。ふわっと、やさしい味がしていましたね。

そうやって母がつくる様子を何度も見ていたはずなのに、つくる手順とかを何も覚えていないんですよ。自分が大人になってから、あのパンを焼きたくても、どうやってつくったらいいのか、肝心なところがわからないの。だから、仕方なく本のとおりにやるしかないんです。あの味のパンは、焼けませんねえ……。

結婚して原宿の家に住んでいたとき、裏通りのほうに〈菱屋〉という、食パンを焼いているお店があったんですよ。ビーフカレーなんかもあって値段が高いの。でも味はよくてね。それでパンを買って食べてみると、母の焼いてくれたパンの味にそっくり、だからびっくりしちゃって。早稲田に住んでいた弟がうちに遊びに来ていたときに、聞いてみたんです。

「パンはどこで買っているの?」

「菱屋がおいしいから、ここに来た帰り道は、菱屋で買って帰るんだよ」

「あのパン、どお?」

「おふくろの味に似ているんだよ」

と言うから、また驚いて。ああ、味の記憶って忘れないものなんだなあって思ったのね。

竹やぶの副産物

――修一

春先、北向きの竹林からニョキニョキと竹の子が出てくるんですよ。毎年あちこちから一〇本以上はえて、そのうち食べるのは二、三本ですね。地面からほんの少し頭が出たところで「竹として増やすか、食べるか」を二人で相談して、いざ食べると決まれば、納屋から鍬《くわ》を持ってきてすぐに収穫です。大きくなれば固くなるし、アクも強くなる一方ですからね。肥料はやらないし、腐葉土いっぱいの土で育ったものではないので、味のあるおいしい竹の子とはいえませんけど、そこは身びいきで春の味をいただくという感じでね。で、掘ったらすぐに、半分に切って皮つきのまま、米ぬかを加えて茹で始めます。「採りたてだから、三〇分くらい煮れば充分」と英子さんは言ってましたよ。これでおこわを炊いたり、蕗や何かと煮《た》き合わせにしたり。根っこの固い部分は細かく刻んでギョーザの具に混ぜると独特の歯ごたえがあって、おいしいんです。

そもそもこの竹林は、山から掘り出してきた根っこを移植したものなんですよ。収穫できるようになったのは一五年後くらいで、いまではあまり密になりすぎないよう適当に間引いて手入れをしているんです。その間引いた竹で柵をつくったり、棒として活用したり。はなこさんが小さかった頃は、そうめん流し用の割竹をつくったこともありましたよ。万能ですね、竹は。使い手次第。雑木林とセットで竹林をつくっておいてよかったと思いますよ。ほんと便利な副産物です。

無農薬で育てるための工夫 ――英子

夏は野菜の成長とともに雑草がはえる勢いも、ものすごいですよ。二、三日で草ぼうぼう。頑丈な根を張る雑草を敵のように思ったときもありましたけど、いまは前ほど気にもならなくて、土があれば草だってはえるわね、というくらいの気持ちになりましたね。レイチェル・カーソンの『沈黙の春』(新潮文庫)を読んで、無農薬で育てようと強く思ったんです。実際、無農薬で育てるって大変なことですよ。うちの畑では以前、ナメクジが大量発生して、夜、懐中電灯をつけてナメクジ退治をしていました。この頃はアブラムシが多い。あと青虫も。みつけたら即、退治。油断していると、一晩で葉っぱが全部、きれいに食べ尽されてしまいますから。

でも、自分で退治したりするには限界があって、自然のものもうまく利用するんです。梅、あんず、さくらんぼの木の下ではニラを育て、ときどき刈ってはそれを根元に敷いておく。果樹につくアブラムシは、このニラの放つ臭いが嫌いなんですって。この共生植物「コンパニオン・プランツ」と言って、柿の下にみょうがを植えるのも、同じような効果があるんですよ。それと、うちの畑の隅には一本のクスノキを植えています。成長が早くて、定期的に枝払いをするんですが、樟脳の原料になるくらいですから香りが強くて、これが畑の虫よけにもなっているみたい。伐り落とした枝は、防虫剤として箪笥に入れておくんですよ。そうやってなるべく身近なもので工夫をしているの。

自然や虫と共存していく　——修一

トマトが大きくなってきましたから、支柱を立てないと…と考えているんですが、その支柱をいまグリーンピース、えんどう豆、空豆に使っているので、どうしようかと思っているところです。支柱用の細い磨き竹は農協から買ってくるんですがね、ひと束単位で売られ、プラスチック製と、本物の竹があって、本物のほうが、どういうわけか割高で。僕は自然に育った本物の竹のほうがいいと思って、これを選ぶんですけれども。

使っていると先っぽのほうが割れてきますから、ときどき補強しながら、四、五年は使い続けて。古くなっても、そんなにイヤな感じがしませんけど、人工的につくられたプラスチック製のものは、どんどんみすぼらしくなっていきますね。見ていて不自然だし、それがイヤなんですよ。

英子さんは野菜を育て、収穫をする。僕は畑を耕したり、落ち葉を集めたり、道具の手入れをしたりして手伝っているんですよ。果樹の消毒なんかも僕の担当で。ボトルに入った竹酢液を三〇〇〜七〇〇倍に希釈してかけるんですが、これだと薬でかぶれたりすることもないし、安心して使えます。うちは自然のままの生態系ですから、キッチンガーデンには虫も多いですよ。その虫を食べようと、いろいろな野鳥もやってくるし。でも、娘や孫がここに来ると、虫が多いって嫌がりますね。雑草のようにたくましく暮らしている僕たちとは違って、都会に住む人たちは虫に敏感に反応しますから。僕らも畑に出るたびに蚊やブヨに刺されますけども、薬をつけて二、三日たつとなおるので、あまり気にもとめません。とはいっても、すき好んで刺されるのも嫌ですから、体に蚊取り線香を携帯して作業にあたるんですが。

その蚊取り線香も、昔と違っていまは化学薬品が大量に使われていますから、なるべく毒性の少ないものを買い求めるんですよ。この辺りでは扱うお店がなくて、市内に出たときに、ひと夏分をまとめて購入をしてくるんですが。よくコマーシャルで、殺虫剤をシュッとかけるだけで虫退治が簡単にできます、なんてやっていますけど、それだけ強力な化学薬品が使われているということでしょ。虫だけじゃなくて、人間にも当然、害はあると思うんですよ。

いくら安心安全といっても、そんな人間の都合ばかりを重視して、自然に逆らう暮しをするのは、いいわけがないんですよ。いろんな意味で、人間が弱くなってきています。ほんとは、自然とうまく共存していかないといけないと思いますよ。

《英子のひとりごと》こんな小さな畑でも、虫がいっぱい。見かけなくなったと言われている日本みつばちも、うちの畑ではよく見かけますよ。花をつける植物や果樹が、ここにはいろいろあるからでしょうね。私たちだけでなく虫にとってもここは〝桃源郷〟のような存在なのかもしれませんね。

シンプル・イズ・ベスト

心地よい丸太小屋

——修一

この家は、建築家アントニン・レーモンド[*1]の麻布笄町にあった自宅兼アトリエをモデルに設計したものなんですよ。生涯で一番尊敬するレーモンドさんの精神を引き継ごうと思いましてね。戦後のまだ物資が豊富でないときに、足場丸太とベニヤ板の一番安い材料でつくってみようと、レーモンドさんはアトリエを建てたんですね。

そもそも僕が、レーモンドさんの下で働くことになったきっかけは、前川[*2]さんの事務所で働かせてくださいと、お願いしたことだったんです。ところが、今年の採用はもう決めちゃったからと。そこで「これを持って、レーモンド事務所へ行きなさい」と、一通の推薦状を書いてくれましてね。前川さんも戦前、レーモンドさんの下で修業をしていましたから。それで東大の建築学科を出て、昭和二六年にレーモンド事務所へ入ったというわけで。

僕がまず驚いたのは、レーモンドさんの突出した才能でしたね。それとその周りに、建築をやる人、構造をやる人、現場で腕利きの職人を説得できる人と、素晴らしいキャリアを持った人たちが集まっていたことです。当時、七〇人ぐらいの所員が働く大所帯でした。人が成長する時期に、なかなか超えられそうにもない、というような人たちと真近に接することができ、僕は貴重な経験をさせてもらいました。のちの人生で、これはすごい財産となりましたよね。

僕はレーモンドさんに直接の指示を仰いで仕事をしていたわけではないけど、自分のつくる建物に影響を受けていることは確かで。事務所には吉村[*3]さんらも時折おいでになっていました。レーモンドさんは、とても偉い先生といった感じですから、食事を一緒にしたなんてことはないですよ。

でも結婚するとき、ノエミ・レーモンド（レーモンド氏の妻）さんが設計した椅子を、ペアでプレゼントしてもらいました。肘かけがあって、ゆったりと座り心地のいい椅子でね。テーブルも後で送ってくれるということでしたが、僕が恐縮して遠慮したものだから。英子さんは「いただいておけばよかったのに」と、物に執着しない彼女がめずらしくそんなことを言って。その椅子は、いまも大事に使っています、少しも古びることがなくてね。

ここは住宅公団の退職金、八〇〇万円を全部使って建てました。いまから約三〇年以上前のことになりますが。長野の山口村の大工さんが一人で建てたんですよ。工務店が推薦してくれて、ていねいな仕事をしてくれました。もう一度、その大工さんにお会いしたいと思っているんですけどもね、どうしていらっしゃるか。

柱のない空間をつくり出すために、間伐材の足場丸太を上手く組み合わせています。一番安上がりな方法で、大きな空間をつくっているんですよ。僕は、床にブナの木を使って少しだけ贅沢をしましたから、その分、余計にお金がかかっちゃいましたけど、安くしようと思えば、もっと安くできたはずです。日本の間伐材の利用法がないと聞きますが、こんな風に家を建てればいいと思うんですよ。

＊1アントニン・レーモンド　一八八八—一九七六年　チェコ出身。フランク・ロイド・ライトのもとで学び、帝国ホテル建築の際に来日。モダニズム建築の作品を多く残す。

＊2前川國男　一九〇五—八六年　新潟生まれ。ル・コルビュジエ、アントニン・レーモンドのもとで学び、モダニズム建築の旗手として日本建築界をリードした。

＊3吉村順三　一九〇八—九七年　東京生まれ。アントニン・レーモンドのもとで学ぶ。日本の伝統とモダニズムの融合をはかった。

じつは、レーモンドさんがつくられた家は、すっぽんぽんで、もっと単純でした。彼の理想哲学「シンプル・イズ・ベスト」を強調したような木造建築で。僕はそれに、台所やお風呂場などの水回り部分をつけ足しましたから、少し複雑にはなっていますが。玄関がないのも、レーモンドさんの家にならってつくったからで、初めての方はよく迷われます。泥棒も迷って入れないいんじゃないですかね。三二畳のワンルームで、天井まで吹き抜けですから、開放感があるでしょ。ゆったりと落ち着く感じがして。夏になると、この梁にハンモックを吊って、娘や孫が気持ちよさそうにお昼寝なんかをするんですよ。

建具はレーモンドさんの家の寸法より、少し小さくしてあります。レーモンドさんは六尺五寸で、うちは六尺。その建具を開け放つと、四季折々の雑木林の景色が飛び込んできます。この先が公園になっていますから、ずっと緑が続いているように見えるんですよ。また、季節によって陽の入り方が変化して、景色の感じ方も変わる。冬は雑木林の葉が落ちるので、陽がずうっと長く差し込んで、夕方まで暖かいし。夏は、生い茂った葉が陽をさえぎってくれて涼しく過ごせるんですよ。

《英子のひとりごと》　この大きなワンルームの暮らしは快適ですよ。初めて見えるお客さまの大概は、家に入るとびっくりされますよね、人とは発想が違う家だから。

節目、節目の手間が楽しい

――英子

うちは五月の下旬頃に障子から葦戸に替えて、夏仕様にするの。食器棚に並べてある食器も、陶器からガラス器へ、寝具もウールから麻へと替えて。これを変えるだけで部屋の雰囲気がガラリと変わって、気分が一新しますよ。

生まれ育った半田の家も、四季折々の道具を土蔵から出して部屋の装いを変えていました。夏は籐の敷物を敷き、障子から葦戸に、火鉢は桐をくり抜いた白く涼しげなものを。冬は厚い絨毯を敷いて、ゴブラン織りのテーブルがけと、屋久杉をくり抜いた火鉢。毎年同じように繰り返されていた模様替えが懐かしいですね。床の間の掛け軸、香台と香炉なんかは、次々と取り替えられて、「また、変わっているわ」と小さい私はのぞき込んで。そんな暮らしに、とても興味を持つ子どもだったんですよ。日常って、あんまり華やかなものじゃないでしょ、毎日、毎日の積み重ねだから。だから、そんなところに遊びをもたせたんでしょうね、昔の人は。

私も六〇を過ぎたあたりからですよ、戸を替えたり、食器を替えたりするようになったのは。若いときはやりませんでした。年をとって、こういう手間が楽しい、大事なことだと、わかるようになったということですよね。節目、節目を大切にして。暮らしを豊かにするって、こういうことなんでしょうね。

ほんものを見る

――英子

私は自分の身を飾ることよりも、暮らしの道具に関心があるんですよ。でも、家計が苦しかったから、そこにかけるお金の余裕なんてなくて。でも時間をかけて、本当にいいものを一つ一つ買っていけば、いつかは集まると思っていたの、ずうっと先のことを考えてね。結婚したばかりの頃は、家事を済ませて余った時間は、民芸を扱うお店とか、骨董屋へよく行きましたよ。いつも見るだけ、先立つものがないのでね。でもそれがとても楽しかったの。青山に骨董通りと呼ばれる通りがあるでしょ、あの辺りをよく。見るということは自分の体に貯め込むことじゃない。だからあれは、いい勉強になったと思いますよ。娘たちにも「とにかく若いうちはね、いろんな所を見て歩きなさい」と言って聞かせて。はなこさんにも「一流のものを見なさい」と。小さい頃から一流のものを見ていれば、いいものが自然とわかるようになりますからね。

私は晩年の父と、骨董屋によく出かけたんですよ。半田の中心街にほど近い骨董屋へ日曜の午後、散歩がてらにいつも寄って。女学生でしたから、父が店主と何を話しているのか、さっぱりわかりませんでしたけど、楽しそうに話しているのを聞きながら道具を見ていて。それと、私の器好きというのは、実家の暮らしから影響されている部分もあるんだと思います。料理を引き立ててくれるものとして、食器をとても大切にしていましたからね。

ときをためる

――英子

「物を買うときは次の世代に伝えられる、いいものを買いなさい。安ものは絶対買っちゃいけない」、というのが実家の教えでした。

結婚してからはヨットの支払いやなんかで、お金をほかにまわす余裕なんてなくなりましたから、なおさら買うものは好きなもの、いいものを慎重に選ぶようになりましたよ。間に合わせのものではすませず、買えるまで気長に待つ。そう、ときをためる暮らしでね。

家具を本格的に揃え始めたのは、結婚から一〇年以上たってからです。あるとき、修一さんが仕事で行った長野で、松本民芸家具の職人さんの話を聞くうちに「本物の家具はこれしかない」と惚れ込んでしまって。以来三五年かけて、食器棚やチェスト、ワードローブ…と、ひとつずつ買い揃えてきたんですよ。

いいものって、使い込んでいくほど、どんどんよくなっていきますから、娘たちが嫁ぐときは、これらを持たせようと、いつの頃からか二人で決めて。真新しい新品を買って与えるのではなくてね。本人たちにも「これを持ってお嫁入りをするから、丁寧に扱いなさい」と言い聞かせて。それと年に一度、家具の引き出しを全部取り外し、娘と太陽の下で拭き掃除をしながら大切にすることも教えました。結婚すれば、それまでとは異なる生活環境に身をおくわけで、心細くなったりすることもあるでしょ。そんなとき、身近に使っていた道具に囲まれていたら、自分を守ってくれている気がするだろうと思って。

そこにあるブルーの大きな立火鉢は、祖父の前の時代から、ずうっと酒屋の土間に置かれて使われていたものなんですよ。酒蔵を閉じるとき、兄から譲り受けましてね。この立火鉢を囲んで、立ったまま商談したり、世間話をしながらお客さんがお茶を飲んだりしていたの。鉄瓶がいつもかけられて、白い湯気が口から出ていた情景が目に浮かんできますよ。何焼きなのかはわかりませんけど、ブルーの釉薬がきれいでしょ。私は子どもの頃からこの色あいがとても好きで、だからいまもこうして朝晩眺められるのは、嬉しいし、なんとなく心が落ち着くんですよ。

修一さんも「一〇〇年以上使われてきたものが、暮らしの中に、身近にあるのはいいことだねえ」と、とても喜んでくれて。古いものって、なぜかホッとするんですね。こうやって前の世代が残してくれたものを大事に受け継いでいけるというのは、幸せなことだなって思いますよね。そういうものを私たちも、次の世代に残していけたらいいなと思いますね。

自分の手で暮らしを見据えたストックをつくること。
それが〈ときをためる〉ということです。

旬の餅つき ──修一

みなさん、お餅はお正月には食べますけど、それ以外の時期はあまり食べないんですってね。うちは年中食べますから、お餅のストックは一年中切らしたことがないです。なにしろ、毎月〈旬の餅つき〉をしているくらいですから。ベーコンと同様に、年中やっていますから、あまり構えるもこともなく、すぐにできちゃうんですよ。二人の役割分担みたいなのが決まっていて、阿吽《あうん》の呼吸で作業を淡々と進めていく感じですね。

石臼と杵の道具を用意するのは僕が。石臼はすぐに冷えちゃうんで、冬場の寒い時期は餅をつくまでお湯をはって温めておきます。この石臼は、岡崎の墓石をつくっているお店から購入してすでに二〇年ほど経つんですが、なかなかいい形をしていますでしょ。それに、まだまだ使えそうで。じつはこれは二代目で、前は木の臼を使っていました。木曽の山中でひと目ぼれし、迷わず買い求めて、一〇年ほど使って寿命がきました。

餅米を蒸して二時間になりますから、そろそろ蒸し上がる頃ですよ。今日はいつもより少なめ、一升五合の用意です。「あんまり多いと、お父さんがくたびれちゃうから」と、英子さんが僕の体調に合わせて、ほどほどの量を用意してくれました。

いつもやっていますから、もう慣れたもんですよ。はなこさんが小さい頃は、彼女専用の小さな杵をつくって一緒にお餅つきをしましてね、「おじいちゃま、お上手!」とほめられて。とにかく女の子には、いろいろな思い出をたくさんつくってあげることが大事ですから、はなこさんがうちに遊びに来るときは、いろいろなイベントを二人で考えてきたんですよ。

餅つきって、そんなに力はいらないんですよ。杵の重さを上手に利用すればね。こうやって杵でつきあげると、弾力があってよく伸びます。それに、自分でついたという思いも加味されるから、よりおいしく感じられる。うちは年間四〇キロの餅米を食べてしまいます。うるち米は一四〇キロ。いかにお餅をたくさん食べているかがわかるでしょ。さあ、つきたてで、温かいうちに、英子さんに形を整えてもらいましょう。その間に僕は、石臼のあとかたづけを。

僕が好んで食べるのは、切り落とした端っこのところ。中のいいところは、お世話になっている人や、娘に送ったりしますから。海苔を巻いたり、きな粉をつけてみたりと、飽きないように、いろいろ工夫して英子さんが出してくれます。なんといっても、お昼寝から起きた後のお餅は、おいしいですねえ。まさに力が出てくるようで、力餅とは、よく言ったもんですよ。

《英子のひとりごと》 半田の実家では、「ひねり餅」と呼んでいたお餅がありました。朝早く、酒米を蒸して莚に広げるんですが、その蒸したお米を、手のひらで「きゅっ、きゅっ」と揉むようにしてお餅にしたものなの。大きさは一〇センチぐらいの丸形。砂糖醤油をつけて焼いていただくと、もちっとした歯ごたえがなんともいえず、あれも、おいしかったですね。

手間ひまかけて暮らしを楽しむ

——修一

僕の先輩たちが言うんですよ、「君はね、確かにりっぱなことをやったけれどもね、君以上に、奥さんがいいからやれたんだよ」って。ほんと、そうだなあと感謝してます。病気知らずでやってこれたのも、食生活がちゃんとしていたからだと思うし。現役中は毎朝五時起きで、英子さんはお弁当をつくってくれましたからねぇ。それと、僕の朝食は、ご飯と決まっていて、お味噌汁も、昆布と鰹節でだしをとってくれていました。

ただね、その鰹節を削るのは僕の役目。一度にたくさん削って冷凍し、毎日そこから英子さんが使い、残りわずかになってくると「削ってくださーい」とお願いされて、また削るという具合です。この鰹節削り器は、僕がつくったものでね。ほら、ここの一辺はお菓子の箱だった木を使っていて、鰹節を削るカンナも、もとは木を削っていたんですよ。

じつは戦争中、飛行機をつくる木工場で使っていたものなんですよ。というのは、僕は一九歳のとき、厚木航空基地の隣、高座海軍工廠で、〈紫電改〉という戦闘機をつくるために原図の作製をしていたんです。木工場と原図場の二つの場所を行き来しながらで、木工場のほうには、横須賀で軍艦をつくっていた職人さんたちが赴任していて、時間があると僕は彼らから、道具の使い方を教わっていたんですよ。カンナの使い方なんかも、ここで初めて覚えましてね。

そして、半年後の八月一五日に終戦をむかえ、僕らの最後の任務は、厚木基地でマッカーサーを迎える準備だったんです。その作業を終えて軍用車に乗って帰る途中、僕はケガをして軍医に搬送された。だから、あのマッカーサーが飛行機から降りてくるとき、僕は病院のベッドの上だったんですよ。それでケガが回復して基地に戻ると、多くの人はすでに去った後でした。作業場には使っていた道具が散らばり、僕はいくつかのカンナやノコギリなどの大工道具を拾い集めて、東京の自宅へ持ちかえったんですよ。空襲で焼け野原になった光景を目にして、喪失感でいっぱいになりながら、将来に対しても考えあぐねているときに、自分のフリーハンドのスケッチがそのまま家になるとそそのかされて、東京大学の建築学科に入学を決めたわけですが。

英子さんと結婚したのは、終戦から一〇年後です。家庭をもち、やがて子どもが生まれて、あるときふと、カンナの存在を思い出しましてね。あれで削り器ができないだろうかと。それでつくってみたというわけです。英子さんは、きちんとした削り器を買いたいと言っていたんですよ。でも、お金もなかったし、僕が削るんだからいいじゃないかと説得して。いまだにこうして、ずうっと使い続けているんですよ。道具というものは長持ちしますね。シュッ、シュッ、シュッ、鰹節は、日本人の知恵が詰まった最高の食材ですね。こんなすごいものを、よく昔の人はつくり出しましたよ。こうやって鰹節を自分で削れば、いつでもおいしいおだしが味わえますものねえ。ご飯にそのままのせて、お茶漬けにしてもいけますよ。こうやって手間と時間をかけてみると、暮らしはどんどん面白くなるもんです。

●煮干しのだし
お味噌汁は、鰹節と昆布の合わせだしを使いますが、大根の煮物なんかには、煮干しを。煮干しは、頭と腹わたを取り除いて、軽く煎ってから使います。生臭さみが取れて、さっぱりとした味のだしになりますよ。酸化が早いので、保存は冷凍庫で。

自分の家は、自分で維持する

——修一

一軒の家を維持していくためには、じつにいろんな仕事が必要になりますね。うちの屋根はトタンで、五年に一回の割合でペンキを塗るんですが、もう、そろそろ。ずいぶん、塗装がはげてきましたから。そのうち、天気のいい日を選んで塗ろうと計画中で。まだ少し寒いので、暑くなる前には塗りたいと思っていますけども。もしくは梅雨入り後、雨で屋根がきれいになったところで塗ったほうがいいかな……とも考えているところですが。

トタン屋根の面白いところはね、雨音を感じられたり、どんぐりが落ちるとコロコロッと転がっていく音を楽しむことができるんですよ。来客中、偶然、どんぐりが落ちて「この音、何ですか?」ってびっくりして聞いてくるから、愉快でね。

庭の木は、小さな苗木から植えました。表土をはぎ取って造成された土地に、もう一度、里山の緑が回復できるのかと実験の意味も込めて。いまではりっぱな雑木になりましたけれども。たった三〇坪の庭に、これだけの雑木林のストックをつくるというのは、すごいことなんだそうですよ。取材でこられた外国人記者が、ヨーロッパ的気候では考えられないって驚かれて。だからモンスーン地帯の気候というのは、再生力があって素晴らしいんですね。

これだけ木が大きくなると剪定も、ときどき必要になります。伸びた枝が電線にひっかかれば、停電になるおそれもでてきて。それと落ちる葉っぱの量も多くなる、すると「うちの庭に葉が落ちるので、木を伐ってください」とご近所から言われたり。やっぱりね、こういうことで仲たがいをしちゃいけませんから、木に梯子をかけ「じゃ、伐りましょう」と伐るんです、少しだけね。

「植木屋さんに頼めば」って、英子さんは言うんですけど、ここまで木が育つと、そうそう人には任せられませんよ。愛着のようなものがあって。僕はこの一本一本に、小さな妖精が宿っていると思っているんですよ。だから、ときどき木に抱きついて元気をもらうこともあるくらいで。剪定した枝の一本だって無駄になんかできない感じ。ストックしておいて、切り株で椅子をつくったり、ボードをこさえたりと、いろいろと役立つんです。

ご覧のとおり、この家はとても質素でしょ。すべてが木でつくられていますから。建具も、大工さんに木でつくってもらって。昔は木の窓があたりまえでしたが、いまはほとんどがアルミサッシですね。いつだったか新聞の記事に、木とアルミでは熱伝導率がかなり違うと書かれてありました。アルミサッシの登場で住宅の気密性は高まったけれど、熱伝導率のことでいえば、木の窓のほうがぜんぜん温かいんだそうですよ。うちの窓は全部木の窓でしょ。そんなことを考えながら住んでみると、確かにそんな感じがしますねえ。

鉄骨住宅は気密性が高くて、錆びない工夫をしているといっても、やはり三〇年の月日が経てば、雨漏りしたり、壁が傷んだりと、何かしら不具合が出てくるもんです。木の家も同様、木は錆びませんが、雨風にさらされて壁や建具が傷んできますから、防腐剤を塗ってメンテナンスをします。この作業も僕がやるんですけど、防腐剤は毒性が強いので、マスクと作業用のメガネ、ゴム手袋をはめて塗ります。一度塗れば五年ほど効果が持続しますから、今度塗れば、次は九三歳。はたして次は、できるのかなあと。

まあ、僕の体の動く限りは、自分で剪定や修理、すべてのことをやりたいんですよ。お金に頼らず、自分の家は自分で維持していきたいですね。それに、いろんなことを最後までやれることが、人間として大事なことですからねぇ。

《英子のひとりごと》うちで使っている梯子は、プロ仕様の長い梯子です。木が大きくなりましたからね。さすがに修一さんも上まで上ると怖いらしく、毎日、梯子を上ったり、降りたりしていますよ。「繰り返しいつも上っていれば、高さにも慣れて、暖かくなる頃には平気になるだろう」って。でも、彼以上に、見ている私のほうがドキドキしてお腹の調子が悪くなっちゃいますよ。「人に頼めば」と言っているんですが、自分がそう思わないと彼はやりませんから。とにかく、何でも自分でやります。

本当の豊かさというのは、自分の手足を動かす暮らしにあると思いますよ。

屋根に上って
——修一

ときどきこうやって、屋根に上るんですよ。あれが高森山、標高二〇六メートルです。はげ山になってしまった山に、どんぐり作戦といって、どんぐりを市民で移植し、雑木林を回復したんです。隣に自衛隊基地があるので、飛行機がいつも飛んでいるんですよ。そのせいで飛行機雲がよく出ます。僕は飛行機に乗りたかった人間ですから、屋根くらいの高さでもあまり気にならない。ヨットに乗っていたから、これくらいのヒール（かたむき）にも慣れていましたしね。

どうです、ここは高台ですから、眺めがいいでしょ。僕らがここへ越してきたときは、山が削られ、石がゴロゴロと転がるばかりの光景で、草木一本はえていませんでした。うちの前の公園ですが、以前は石尾池という大きな溜め池があって、月が池に映し出されると神秘的で、それはとてもきれいで。何年かして運動場がないからと、一帯を埋め立てられてしまったわけですけど。

僕は、この高蔵寺ニュータウンの全体の設計をやりましてね。団地からニュータウンへ、住宅公団が都市住宅公団への変身をかけたシンボルプロジェクトでした。三五歳で、こんな大きな仕事をまかせてくれたのですから、いい時代でしたねえ。

それまで高蔵寺ニュータウンをどんな街にしようかという計画を、絵に描いた人は誰もいなくて、とにかく君に任せるからと言われて、僕はニュータウンのスケッチを描き始めました。

最初につくった計画書では、道路しか造成しない。道路以外はぜんぶ山で、山なりに家を建てるというものでした。ブルドーザーのなかった中世の時代、イタリアでは長い時間をかけて山なりに家を建てたのと同じように、ここも、それにならって住宅地をつくろうと思って。ルイス・カーン*の「街は山だ」という言葉どおり、山に添って家を建てよう。それと、この土地の記憶を新しい住み手に伝えていくことも、建築家としての使命であると思っていましたから。

ところが「これじゃ、仕事にならない」と、土木屋さんにそっぽをむかれてしまって。結果的には、重機で大量の表土を削り、山を平らにして住宅地を造成することになったわけです。高森山の足元まで平らに段々にして山をむいちゃった。……ひどいですねえ。

ブルドーザーは、神様が人間に間違って与えた現代・最大の凶器だと言われていますよ。日本ではダム工事をするために、アメリカから機械を輸入し、使われるようになったわけですが。公団の計画は、白いキャンバスだからともてはやされる一方で、地元の新聞社からは砂漠の街をつくりあげたと批判をされました。

当時、公団の標準設計というのは、南向きに建てるのが大前提で、平らな土地がなければ建築物は建ちません。標準設計しか持たない住宅公団が山にいどめば、平らにせざるをえなかったということですよ。僕の原設計の配置計画は、やっているうちにずいぶん変更され、変わっちゃいました。僕は高森山の近くに、あんな高い建物は建てないようにしていたんですがね……。で、計画どおりには進まなかったこのニュータウンと、ど

*ルイス・カーン　一九〇一―七四　アメリカ人建築家。公共住宅の問題に取り組み、供給の重要性を訴えた。

うかかわっていったらいいのかと、ある時期までずいぶん悩んでいました。その後、視察で訪れたヨーロッパでキッチンガーデンに出会って、「こんな暮らしが、都会の中でもできるんだ」と衝撃を受けましてね。

たまたま、このニュータウンに母が老後の家を建てようと、三〇〇坪の土地を購入していたんです。数年後、僕たちがその土地を譲り受けることになり、「自分が食べる野菜を、自分の庭でつくる。これだ!」と思って。自分が手がけたニュータウンを、自分ならどう生かせるのかをやってみようと。その取り組みの様子を、みなさんに見てもらえばいいと。そう思うと、深い霧がすっと晴れるように、なんだか元気が出てきたんですよ。

じつは最近、この住宅街の一角で、庭をつぶして小さな畑をつくり、野菜を育てている家を見つけました。見た感じ、若い人たちが住んでいる風の家でね、なんだか、うれしくなりました。

《英子のひとりごと》ヨーロッパを見本にすればよかったのに、アメリカを見本にしちゃったから……。日本みたいに小さな国は、アメリカを見本にしていたらダメよね。

住むべきところを考える

――修一

東日本大震災（二〇一一年）が起こったとき、東大の地震研究所の教授が「もう、これからはどこに住むのか考えなければなりませんね」とコメントしてました。まさにそうですね、住まいというものを根本的に考えなおさないといけませんね。効率がいい、利便性がいい、というだけではね。

ここ、高蔵寺ニュータウンプロジェクトは、昭和三四年の伊勢湾台風の二年後に着工したんですよ。当時、台風で吹き寄せられた高波は五メートル。名古屋市の西隣りは海抜ゼロメートル地帯ですから、多くの場所が浸水し、それが岐阜を超えて大垣の辺りまで被害が及び、相当なダメージを受けました。そんな防災への反省をもちながら「高潮や洪水にあわないよう、新しい街づくりを丘の上に」と、このニュータウンをつくったわけです。高蔵寺駅前は海抜七〇メートル、ここ私の家は一三六メートルありますから、まあ安心といえる地域でしょうね。

公団時代、僕は『もし伊勢湾に住むのなら…』という連載を新聞に書いていた時期があります。昭和四四年、中日新聞社の足立さんという信頼を寄せていた記者と二人、いろんな状況を調べながら取材をしましてね。海や河川を見直し、その危機感を問いただそうという目的があって。ですが、市民の関心はもっぱらお金、景気、便利なんてことが中心で、住む場所を決めていっちゃったんですね。災害のリスクなんていうものは軽視して。当時、その記事に関心をもってくれた人は、あまりいなかったんじゃないですか。

僕は、そういう危機感を持ちながら、この高蔵寺ニュータウンのプロジェクトを進めてきたんです。偶然ですけど、僕は関東大震災の二年後に生まれ、伊勢湾台風の二年後に、東京から名古屋へと移ってニュータウンを担当することになったわけで、何か運命的なものを感じています。

僕が尊敬する人物の一人に、愛知県知事だった桑原幹根さんがいます。昭和三六年に愛知用水を完成させた人物なんですよ。それまで愛知の丘の上は、水がなくて人は住めない地域でした。英子さんの生まれた知多半島も、丘の方は水が乏しかったので作物はつくれませんでした。水をあまり必要としない綿花の栽培が盛んだったのは、そういう理由があったからです。それで、戦後のお金のないときに桑原さんは、一〇年先を見越して愛知用水を計画し、世界銀行からお金を借りて工事を着工させ、地域の発展と人間の住まいを変えていったんです。

余計な資金はかけられませんから、農民が自分たちの足で歩き、自然の高低差で水が流れるよう、水路を決定していったといいます。ローマ人が街をつくったときに、水道をつくりましたでしょ。あれはせいぜい二〇キロ、愛知用水は一二〇キロ。ですから、いかにすごいものかがわかるでしょ。高蔵寺もその愛知用水ができたおかげで、こうやって人が安全に住める場所へと変わったわけですよ。三・一一の震災をきっかけに、みなさんが住む場所をもう一度、見直してくれればいいですね。いつくるかわからない震災に備えて。便利だからというだけではね……。

「生きる力」を一人一人が備えて　――修一

英子さんは半田で一六歳（一九四四年一二月）のときに、マグニチュード七・九の東南海地震に襲われ、怖い目にあったそうですよ。ちょうど太平洋戦争の最中の震災だったから、国民の士気をそぐと報道が規制され、あまり世には知られていないことなんですが。多くの建物は倒壊し、津波も発生、一〇〇〇人を超える犠牲者が出たといいますから。だから本能的な危機管理のセンスが、僕とはまた違うものなんでしょうね。畑にこだわったり、暮らしにこだわるのは、そういう出来事が重なって、彼女の防衛本能がそうさせているんじゃないかと思うんですよ。

僕がヨットに乗るときは、どんなトラブルがあっても、自分で処理できるだけの道具を全部積み込んでから乗ります。海へ出たらどんなシケにあっても、帰ってくるまでは自己責任ですから。なにしろ僕は六回も遭難し、それでも生き残ってきた。運もありますが、危機管理を考えて、先に行動をしてきたことが、生き延びてきたいちばんの理由でしょうね。

一軒の家だって、本来はそういう危機管理を考えておかないといけないと思うんですよ。一人、一人がきちんと。けれども、都会に住む人たちはとくに危機管理は人まかせですよね。だから買い占めなんかがあっという間に起こって、パニックになってしまう。

あの三・一一の大震災の後、店頭から水や米などの食糧が一気になくなったと聞きました。ちょうどその時期、東京からの来客があって、お米が買えないというんで、うちのを分けて差しあげたんですよ。農家さんから定期的に送ってもらっている玄米があったのでね。主食となるお米やお餅のストックはないと不安ですから、うちでは欠かしたことがないですよ。

それと、いざというときは炊き出しもできるように、お釜や炭、基本的なものも全部用意してあります。畑には野菜があるし、保存している食材もあるから、まあ、しばらくはなんとかなるでしょう。僕たちは、人さまに迷惑がかからないようにしたいし、それでいて、身近な人を助けてあげられるようにしたいと思っていて。

国や行政をあてにしていても、不安ですよ。あの震災が起きて、いろいろなことで対応が遅すぎたでしょ。想定外を理由にしたり…、期待なんかできっこないです。税金を払って、何かをやってもらうという時代ではなくなってしまったみたいですね。生きる力を、一人一人が持たないとね。「信じられるのは、自分自身と家族だけ」と僕も、英子さんも思っていますよ。

昔は、お米や野菜を自分たちでつくっていたから、「備える」なんてことを、あらためて考えるなんていうことはなかったんでしょうね。半年とか、一年分の食糧のストックはあたりまえだったわけで。僕らはふた月に一度、名古屋市内へ買い物に出かけて用を足すんですが、いつ、何が起こるかわからないから、非常食を持っていたほうがいいね、と話していたところで、あの震災が起こりました。以来、おむすびと飲み水は携帯するようになりました。

マウンテンバイクで坂道も軽やかに

――修一

洗濯は僕が一手に引き受けているんですよ。英子さんがエプロン代わりにタオルを腰に巻いて使うでしょ、それとテーブルクロスもしょっちゅう取り替える。ほかに農作業で着る作業服や手袋、じゃんじゃん洗濯物を出すので、一日二回は洗濯機を回します。それで水はお風呂の残り湯をバケツで汲んで、洗濯機まで運ぶんです。中腰だと腰を痛めますから、ひざを曲げて、ゆっくりと慎重に。洗濯すれば干すし、乾けば取り込んでたたみます。造り酒屋に育った英子さんは、男性優位の社会だったので、女物の洗濯物は男性の後ろに干すというしきたりがあったそうですよ。だから英子さんは「父親が生きていたら、怒られるわ」って、言ってますけど。

現役として働いていたときは家事の類はやりませんでしたけど、いまは時間がありますからね。網戸を洗ったり、障子戸を洗ったり。できそうなことをみつけて、やっているだけで。だけど、これは自分自身のためでもあるんです。歳をとっても、毎日、コンスタントに体を動かさないと、と思って。書きものをしようと机に向かっているだけじゃ、頭もあまり働かない。一日一回、汗をかくくらい体をおもいっきり動かしたほうが、かえって調子がいいんですよ。

ところが先日ショックなことがありましてね。庭から畑へ向かう通路の途中、段差になっている場所で、うっかり足を踏み外してしまって。幸い無傷ですみましたけど。うちでは段差とか、枝が出っぱっていて危ないところは、目立つように黄色く印をつけ、注意を喚起しています。ふつう、こういう場所は直したり、段差をなくしてバリアフリーにするとかしますが、うちはあえてそのままにしています。緊張したり、注意する感覚を大事にしながら生活をしたほうがいいかなと思うから。

あと体を動かすといえば、僕は車の運転をしませんから、自転車はいわば僕の足なんです。これでホームセンターまで買い物に行ったり、郵便局へ行ったり。じつは昨年、新しい自転車を英子さんが買ってくれましてねえ。一八段変速ギア付きのマウンテンバイクでこれだと坂道も難なく上れるから、じつに快適ですよ。でも、自分の足で歩くことも大事だから、歩くことも心掛けています。英子さんは、往復一時間かけて自然食品のお店までよく歩いて行くでしょ。だから僕なんかよりもずっと歩くのが早い。僕のほうが、ついて行くくらいで。人間は足から弱ると言いますから、とにかく歩くことが基本ですね。お金があって人生の最後が飾れるなんてとんでもない。元気で最後をむかえるための生きる工夫をして生活しているんです。

《英子のひとりごと》修一さんは家の外でも中でも、いつもゴソゴソ何かやっているの。週末は「頭の体操だ」って、新聞のクロスワードパズルを解くのが習慣になっているし、雑誌や新聞に投稿もしたりして。「おばあちゃま、この前、新聞に名前が出ていたけど」なんて、はなこさんから言われたりすると、ドキッとするの。ああ、修一さんだわ…と。

2015年に
干柿できます!

TOOLS
イチゴ

青トマト
トマト（スープ用）
イタリヤから ようこそ！
カボチャ
タイから ようこそ
トウガラシ
ベトナムから ようこそ！
ズッキーニ
森田さんのプレゼント

12

すべての暮らしは台所から

サラリーマンのお嫁さんになって　――英子

まさか、サラリーマンのお嫁さんになるとは思いませんでしたよ。何代も続く造り酒屋の家に生まれたでしょ、当然、商家に嫁ぐものだと思っていたの。もちろん、親もそういう気持ちで育てたんだと思います。いつも「人さまのことを常に気にかけて」と母から言われていたし。それは商家のご新造になったら、絶対に必要なことでしたからね。だから私は、小さいうちから徹底的に躾けられました。いわゆる二〇〇年以上続いた商家を守り継いでいくには、女性がしっかりしていなかったらダメだから、自分のことなんか考えてはいられなかったんですよね。母は商家とは関係のない実業家の家に育ち、二〇歳で嫁いでからずっと働き通し。それで四九歳の若さで逝った。身を尽して、大変な一生だったと思いますよ。

年頃になった私は、酒屋や味噌屋などの商家の方と、お見合いを何度かしたんですが、遊び人風の人だったり、話題の中心はお金儲けの話だったりで、うんざり。そしてなによりも、商売の大変さを真近で見て育ちましたから、自分にはとても向かないと思って断っていたんですよ。

かといって自分でお金を稼いで、一人で生きていくほどの自信もなくて。学校ではなんでも「はい」だったし、自分の意見も言えないほど内気な性格でしたから。子どもの頃からすでに将来の夢は「雑木林の中に小さなお家を建てて、一人でできることをしながら生きていきたい」と、本気で考えていましたからね。

そんなある日、名古屋に住む叔父から「昔、ヨットレースで酒蔵に泊まった学生さんが建築家になっているけど、どうだろう」という話に、これは渡りに船とばかりに、お見合いをして。四、五年前、白いカッターシャツによれよれの麻ズボン、わらじを履いていた人という記憶がぼんやりとありました。でもそれより、建築家という職業に興味がわいたんですね。理想家で町をつくる人かと……。六月にお見合いをして、その年の一二月には結婚式をあげました。

私は大勢の人に囲まれて育ち、まわりの人が何でもやってくれる生活をしていましたから、結婚当時は人に依存するという気持ちがとても強かったんですね、自分では気づいていませんでしたけど。何か困ったことがあると「人に頼めばいいじゃない」と、私がごくふつうに口にするので、「それじゃダメだよ。何でも自分一人でやれるように」と彼からよく促されて。

それで慣れない家事に一生懸命で、半田とはまるで異なる環境に身をおくことになりましたから、「毎日が、ぶっつけ本番」のようでしたよ。もうハラハラドキドキで。それで修一さんは次から次へと、新しいことをやりますからね、とにかく結婚して二〇年くらいは、ただ前を向いて、必死で後をついて行く感じでした。「雑木林の中に――」と言っていた自分の夢も、いつの間にか、すっかり忘れてしまっていたんですよね。

空気みたいな人

――修一

英子さんとお見合いをしたのは、昭和三〇年（一九五五）年、原宿の家でした。彼女は淡いピンク色のワンピースを着て、お兄さん夫妻と現れましてね。あまり会話らしい会話もしませんでしたけど、そばにいても「空気みたいに、気にならない人」だから、いいなと思いまして。そのお見合い後、僕は英子さんに手紙を書きました。いわゆるラブレターというやつですね。ほぼ毎日、それも、葉書じゃなくて手紙ですから、けっこうな分量を書いていたはずですよ。

結婚をするとなれば、住むところが必要になりますから、母の住む家の横に、小さな四角い、木の家を建てることにしました。三階建て、総面積は一〇・五坪。設計図を描き、建築家として初めて自分でつくった建物です。それで一階のガレージでは、〈ノア〉というヨットをつくり始めました。このヨットに乗って、二人の結婚式をあげよう、と僕は考えていたわけです。結婚式はその年の暮、一二月でした。僕らはその自作のヨットに、式に参加する人たちはチャーターした船に乗ってもらい、横浜港の入り口、赤灯台に船をつけ、夕日を眺めながら乾杯し、祝福してもらう…という計画を立てましてね。ところが、当日は北風が吹き荒れる寒い日で、海も大荒れ。とても赤灯台までたどり着けないと断念し、窓ガラスが割れているシーホースクラブに入って、とりあえずの乾杯をしたんです。しかしあまりに寒いので、ガタガタふるえながら中華街のお店に駆け込みまして、そこで祝賀会を。で、食事を終えて店を出ると、空き缶をたくさんつけた車に乗せられて、僕たちは原宿の家まで帰ってきたんです。車は友人が手配してくれたもので、当時としては、なかなか出色な結婚式だったと思いますけど。

そうやってスタートした結婚生活は英子さんにとって、びっくり箱にでも入れられた感じだったでしょうね。半田の暮らしとはまるで異なったでしょうから。僕はずっとヨットに夢中だったし、突然の出社拒否や、勤めていた大学を相談もなしに辞めてフリーになったりと、ずっとひとり身勝手に突っ走ってきましたけど、そのうちに、だんだんと英子さんも、僕と一緒だなっていうふうになっていましたね。

「愛するとは、一緒に同じ方向をみることです」とサン・テグジュペリ*が言っていますけど、彼女も、自分のやりたいことを持っていて、地道に実現していった。同じようなタイプでよかったんですね。それにいまでも、空気みたいに、気にならない人のまんまですものねえ。だから結婚してからも、僕はずっと幸せだったし、娘たちも、おそらくそれを感じているでしょうね。

《英子のひとりごと》「これが東大出の建築家がつくる家なのか」って、その新築の家を見て驚きました。一階のガレージは冬になると壁も床も結露、二階のダイニングキッチンは、床にアスタイルを貼って、見てくれはスマートでも、冬は足が冷える。三階の寝室は木の床だったのでよかったんですが、手すりのない階段は急で、這うようにして昇り降り、「こんなの、住まいじゃない!」と思いましたよ。

*サン・テグジュペリ　一九〇〇—四四年　フランスの飛行家、作家。上記の言葉は『人間の土地』から。代表作に『夜間飛行』『星の王子さま』がある。

食べ物は信頼できるお店から

―― 英子

年金が出た月に、二ヵ月分の食糧をまとめて買うのが、もう長年の習慣ですね。生きていくためにいちばん必要なものだから、先にしっかりと。調味料や海苔、昆布など料理に欠かせないものも、そのときに注文して、支払いを済ませてしまうの。味噌は京都の本田味噌、醤油は和歌山の角長さん、日本酒と味醂は岐阜の白扇酒造、海苔は愛知の糟屋海苔、昆布は福井の奥井海生堂と、もう三〇年以上同じところから。どこも伝統のある良心的な企業や家業でつくられるもので、安心して口にできますね。

いまはいろんな食材が身近に手に入りますけど、つくり手の顔が見えないものを食べるというのは、どうも違和感みたいなものが残るんですよ。食べ物は大事ですから、どうせ食べるなら、いいものを食べないと、と思うのね。こだわりとかじゃなくてね。

野菜はほぼ自給でまかなっていますが、それ以外の肉や魚、豆腐、卵、乳製品なんかは、買うお店が決まっていて、いつもそこから。

東京で暮らしていた頃は、紀ノ国屋スーパーで揃えていましたけど、名古屋に住むようになってからは、どこで買い物をしたらいいのか、当初、困りましてね。そこで、いろいろなお店をまわって、自分なりに調べたの。あそこはいいか、ここはいいかと。気にいったのが、飛騨裏木曽物産という家族経営のお店と、地の魚を中心に扱う魚周さんの二つのお店。どちらも栄町にあって、買い物をするにも都合がいいので、以来ずっとここで。いまは高蔵寺からバスと電車を乗り継いで、片道一時間ほどかけて買いに行くの。

重たいってわかっていても、つい、いろいろと買っちゃう。私は荷物を背負うのは苦手なんですけど、両天秤で荷物を手に持つ分には、重たくてもけっこう平気なの。ところが、そんな姿で帰ってくるのを見かねて、修一さんが一緒に来てくれるようになりました。

その飛驒裏木曽物産ですけどもね、ここは家族でやっているお店で、「いらっしゃい！」なんて一言もないの。「安いのがよかったら、ほかへ行っておくれ」とでも言いそうな女将さんがお店を仕切っていて、ぶっきらぼうで実直。それだから逆に、信頼ができるのね。ああ、こういう人がやっているお店ならいいなと。それでいろんな食材を買って食べてみて、これなら安心だと思ったの。

店内はひと目で見渡せるくらいの広さで、野菜や果物のほかに乾物なんかが所狭しと並んでいて、どれも確実に味がいいですよ。とにかく乾物でも新鮮なの。海産物は日本海の方から、豆は丹波や北海道から旬のものを。それと、ここは、見つけたときに買わないと、すぐに売り切れてしまって、あとは翌年まで待つしかないの。

私が毎年楽しみにしているぜんまいは、飛驒高山のおばあさんが、春に野山から摘んできて、天日にあてて、手で揉みながらつくるから、夏頃にならないと店頭に並ばない。限られた量しかつくれないから貴重ですよ。昔ながらに手間をかけているから、煮くとやっぱり、おいしくて。そういうつくり手の顔が見えてくるようなものが、ここには揃っているのね。どんなルートで品物を選んでくるのかは知りませんけど、家族経営の規模でいいものを捜すって大変でしょうね。

前は夫婦二人でしたけど、いまは息子さんとそのお嫁さん、娘さんも店を手伝っているみたい。人が増えれば、店を大きくしようとかに考えがいくんでしょうけど、店の規模は昔と変わらないの。だからなじみのお客さんが、とても多いんですよ。信用と誇りを大事にして、商売をしているお店ですよ。

《修一のひとりごと》食材の買い出しには、僕は大きなリックサックを背負い、キャリーバックを引っ張って万全の態勢で行くんですよ。ですが、英子さんは、キャリーバックで引っ張ってくるくらいの荷物を、両手に下げちゃいますから、元気ですよ。四〇キロに満たない体で、足なんか棒のように細いのに、あれでよく…と感心しちゃいますね。

こういうと、お金がたくさんあるんじゃないかと勘違いされるけど、
全然ないのよ。
いいものを少しずつ、いただいているだけ。

知多半島で獲れる地の魚

——英子

私は東京に住むようになって、経木に入ったお刺身なんか嫌だなぁと思ったの。生のお魚は結婚して初めて食べたんですよ、昔はお腹が弱かったから、食べさせてもらえなかったのね。それと口にするのは白身魚ばかりで、青魚はほとんど食べなかった。

半田は知多湾に面していますから、海の幸に恵まれているんです。子どものときは、ざるに山盛りの茹でた渡り蟹がおやつだったし、秋になれば船を借りきって、酒蔵の人たちみんなで、はぜ釣りに出かけたりもして。赤車海老、いいだこ、でんじ……これは知多湾で獲れる魚ですけど、旬になると、母がよくそういうものを甘辛く煮いて佃煮にしてくれましたよね。

名古屋に引越して来てからは、お魚は魚周さんで買うようになりました。ここはおじいさんの代からのおつきあいで、いまはお孫さんが継がれているの。品揃えなんかは当時とはだいぶ変わりましたよ。先代のときは、地元で獲れるお魚がズラリとたくさん並んでいたけど、いまは地の魚はあまり人気がないんですって。仕入れはするけど、店頭に並べるのは少し。お得意さんはその辺の事情を知っているから、お店の人に言って、地の魚を出してもらって買ってくるみたい。

さっき〝でんじ〟って言いましたけど、これはうなぎに似た魚で、骨が硬いのではさみで骨切りをして、うなぎのように焼いて食べたの。地元の漁師さんに聞いたら、もう獲れないんですって。「昔はよく食べたなぁー、半田の人しか知らないよっ」って。うなぎよりあっさりとして、味がいいんですよ。懐かしい味ですよね。

修一さんはうなぎが好きで、夏場、スタミナがきれると「うなぎが食べたい！」って言い出すので、冷凍庫にストックをしておくんですよ。食べに行くお店も、買いに行くお店も、この辺にはないですから。このうなぎも魚周さんから。岐阜の上流で罠を仕掛けて獲ったものなんですって。

いつだったか「料理屋さんからの注文の伊勢海老を、一日間違えて早く仕入れちゃったけど、持って行く？　値段も安くするから」と言われて、「いいわよ」って、それをもらったの。品物が落ちるなら困るけど、鮮度がよければ、いいかなって。商売の大変さが、商家に生まれたからわかるのね。だから持ちつ持たれつの関係で、そういうほうがこっちも気持ちがいいし。いつも一方的に頼むばかりじゃあね。

献立はストックしてあるものから考えて、
途中で足りなくなっても、次の買い物まで買い足すことはしません。
何かで代用して、食べないの。

おもてなし大好き ——英子

はなこさんが大きくなって、うちへ遊びにやってくる機会がだんだん減ってきてからは、みなさんがよく訪ねてくださるようになりましたよね。私たちは年金暮らしの身ですけど、月に二、三組のお客さまがいらしても、なんとかご馳走することができますものねぇ。やっぱり、野菜をつくっているからこそ、こうやってご馳走もできるんですよ。野菜以外の食材、肉や魚といったものは、まとめて買って冷凍庫に貯蔵してあるので、その分でやりくりしながら料理をつくっていくの。そのたびに食材を買いに走っていたら、おもてなしをしたくても、むずかしいでしょうね。

大変でしょう、とよく言われるんですが、ぜんぜん。台所に立つのが好きだから。それに、食べてくれる人がいると思うと、つくるはりあいも出て、ちっとも苦じゃないの。やっぱり、歳をとって人に来てもらうと刺激されるし、いい意味でいろいろなことをやらなきゃいけないでしょ。若い方のエネルギーをいただいて、こっちも元気になれるから、人が来てくださるのはむしろ大歓迎なんですよ。

実家は商家でしたから、絶えずお客さまが出入りし、人が来ることに昔から慣れている部分があるのね。どなたが来ても、お昼になれば、昼ごはんをお出しして。よそもうちも区別なく、みんな同じものを食べていましたよ。

知多半島は古くから、酒や味噌、酢の醸造業なんかが盛んで、料理屋さんや芸者の置き屋さんが半田の町には集中し、旦那衆の集まりごとも多かったみたいですよ。板前さんは京都で修業した人が多くて料理は京風なの。ハイカラな洋食屋さんもあったし。そんな接待をするようなお店が半田にはたくさんあったんですが、母は大事なお客さまをもてなすときは、自分でフランス料理をつくってお出ししていましたね。そのために名古屋の松坂屋さんに通って、フランス料理をずっと習っていたくらいですから。

〈上の台所〉には、フランス製の大きなオーブンがあって、棚には洋酒の瓶や、珍しい調味料がたくさん並んでいましたよ。洋食器や銀器類も揃えられていて。どんなご馳走をつくっていたのかわかりません。私たち子どもは食べさせてもらったことがなかったから。このわたや、ほたるいかの沖漬けといったいろいろな珍味が知多半島にはありましたけど、そういうものも、子どもの口に入るなんていうことはなかったし。

私がおもてなしをするときは、メニューは一週間前には考えるの。普段あまり食べない料理がいいかなとか。それで、その時期に食べたくなるものを。冬ならビーフシチューやタンシチューといった温かいもの。春先はちらしずしや山菜の天ぷら、夏はスタミナになるうなぎの蒲焼やローストビーフ、ピザ、海鮮カレー、そんなものをいろいろとね。いちおう前菜的なもの、サラダ、スープ、メイン、箸休め、デザートとメニューを組み立てます。で、そのつどお給仕をするのではなく、食卓に全部の料理を並べてしまって。そのほうがゆっくりといただけますからね。

若い方はよく食べるでしょ。あの食べっぷりを見ていると、とても気持ちがいいですね。年をとるとあまり食べられなくなるから。それと、普段、修一さんと二人だけの食事だと会話もあまりなくて、サッサッと終わっちゃいますけど、お客さまと一緒だと、会話をしながらゆっくりと時間をかけるので、このときは修一さんも食が進んで、たくさん食べますよ。やっぱり、大勢で食べるほうが、料理っておいしく感じますものね。「おいしいものは、みんなで食べるからおいしいのよ」と母がよく言って、お店の人たちと何でも分けあって食べていたことを思い出しますね。

私のもてなし好きは、母から受け継いでいるものなのかもしれませんよね。根っこにあるのは、半田の暮らしなんですね。

① よく、いらっしゃいました。
② ランチです。
③ お茶の時間です。
④ おそくなりました。ひとくち、どうぞ
⑤ また、どうぞ。
お待ちしています。

ラザニヤの思い出 ――英子

お昼は、ラザニヤをつくる予定です。今日のお客さまは若い人たちですから、少しボリューム感のあるラザニヤなんかがいいかなと思いましてね。

私がラザニヤを初めて食べたのは、終戦後。それまでチーズやミートソースも知らなかったから、何だろうとびっくりしましたよ。普通だとラザニヤはミートソースと交互に何層かに重ねて焼くんでしょうけど、当時食べたのはラザニヤが巻かれていたの。今日はそれを真似てつくってみようと思いますけど。

じゃあ、ミートソースに使う牛肉のミンチをつくりながら、そのときの話でもしましょうか。うちではボッシュの肉挽器で、細かく挽くんですよ。手間はかかりますけれど、このほうがおいしいのでね。でも、私は機械が苦手ですから、この手のものはいつも修一さんに手伝ってもらいながらやるんです。「お父さん、お願いしまーす」

私の母は戦中に病気で亡くなり、四年後には父も他界、その半年後に戦争が終わったんです。空襲をまぬがれた実家の酒蔵は、二人の兄たちが続けていくことになって。私は名古屋の金城学院専門部を卒業はしましたけど、専門部の二年生になってからは勤労動員で、一年間は勉強もできず、教員課程のお免状はいただけなかったのね。でもこれからは私も、食べていくために何かをしないと…という思いで、仕事を斡旋してくれる県庁の窓口へ出かけたんですよ。ところが仕事を求める人でいっぱいで、すでに「満席です」と断られて。で、がっかりして座っていると、隣の人が声をかけてきたの。「いまから面談してみる?」と。ハウスで働くボーイさんで、このご時世で、職なんか選んでいられないし、とりあえず働けるのならいいわと、さっそく、アメリカ将校の奥さんとの面接を受けに行きましてね。

「じゃあ、いまから働きなさい」とその場で採用が決まって、その日からメイドとして働くことになったの。ボーイさんは片言の英語が話せる人で、それと二人のメイドさんがいましたから、これなら自分もやれるかなあと思って。

その「ハウス」と呼んでいた家は、アメリカ軍に接収されたりっぱな日本家屋で、大きなお庭もあって、住んでいたのはアメリカ将校のご主人と奥さん、そして二人のまだ小さな男の子。

私は半田の家を毎朝六時に出て汽車に乗り、八時前にハウスに入ると、食卓にはコーヒーとパンの朝食が用意されて、それを食べてから仕事にとりかかるの。午前中はそうじと洗濯、午後はアイロンがけと銀器磨きが主な仕事で。アイロンはテーブルクロスやシーツ、下着の類まですべてのものにかけていましたよ。銀器は歯磨き粉で磨くとピカピカになるってことも、ここで初めて知って、学ぶことも多かったですよ。

料理のほとんどは、そのアメリカ人の奥さんが一人でつくっていて、昼食はいつも紅茶とサンドイッチ。夜は家族と同じ料理を、一緒の食卓で私たちもいただいて。当時、どんなものを食べたか、あまり記憶に残っていないけど、ただ、ラザニヤを口にしたことは覚えていて、トロッと溶けたチーズやミートソースを食べて、おいしいなあと思いました。

あと、夏の暑い日に飲んだアイスティーの味も、忘れられませんね。氷をいっぱい入れたコップに、熱い紅茶を上から注いで淹れているのを見て、なるほどと感心して。いまはあたりまえのことだけど、当時はね、文化が違うんだなって思ったのね。

ご主人が将校でしたから、毎週土曜はパーティーを開いて、いろんなお料理をつくっていましたよ。クリスマスには七面鳥を焼き、クリスマスケーキもつくっていたし。そして、私たち一人一人にまで、クリスマスプレゼントを用意してくれました。

そんないい環境で仕事ができましたから、恵まれていましたよね。それにお給料もとてもよかったし。いろんなことが経験できて勉強になりましたけど、その仕事は一年ほどで辞めました。

従姉が、東京の千駄ヶ谷にあった津田ビジネススクールに入学すると言うんで、私も一緒に入ることにして。午前中はタイプ、午後は英語の授業で。英語なんて勉強してもさっぱり、まるでわかりませんでしたけど。タイプは打てるようになって、お免状をもらったんですが、「一日中タイプを打って、これでお金をもらうのなんかイヤだなあ」って、それで半田に帰ってきちゃったの。それから、手芸の手仕事を教えてもらいにドイツ系修道院に通い出して。五年ほど習いましたけど、私はもう結婚する以外、自分の道はないと思うようになって。自分でお金を稼ぐより、誰かに食べさせてもらって、家の中のことをコツコツやるほうが性にあっているわと、思ったんですよ。そんなときに、修一さんとのお見合い話が舞い込み、結婚をしたというわけね。

あっ、これくらいミンチがあれば充分。「ありがとうございます、お父さん。終わりにしてください」。これを、玉ねぎのみじん切りと一緒によく炒めます。ここにドミグラスソースを加えて、少し煮込んでミートソースをつくるの。で、茹でておいたラザニヤで、ミートソースとチーズをくるむように巻いて器に並べたら、上からさらにミートソースをかけ、チーズをのせて、オーブンで焼きます。香ばしく焦げ目がつくくらいまでね。

もう、半世紀以上も前の出来事ですものね。ふと昔のことを思い出して、ああそうだ、ラザニヤをつくってみようかと思ったんですけど。二人のときは、こういう料理は食べませんよ。ちょっと重たいし、残ってしまうから。だからお客さまが来てくださると、私たちも毎日の食事とは違うものを味わえるから、ちょうどいい機会にもなるんですよ。「おいしかった」なんて言われると、うれしいし。やっぱり、人に食べてもらうって大事なことでもあると思うの。

《修一のつぶやき》英子さんがハウスで働いていたとき、僕は東京の闇市で進駐軍の残飯スープか何かをすすっていた頃ですよ。それで大学に通いながら、ヨットにどんどんのめり込んで、夢中になっていっていて。なにしろ一年のうち、八〇日間は海の上にいましたからね。

◎英子流ドミグラスソース
タンシチュー、ビーフシチューなどのソースが残ったときは、そういうものをミックスしておきます。鶏一羽を焼いたときなどに残った骨は、人参や玉ねぎ、セロリなどの香味野菜と一緒に煮込んでだしをとり、これにトマトピューレを加えて煮込んでおくと、味わいのあるソースになります。

味覚の記憶

――英子

こうやって娘たちに毎月二回ほど、野菜や保存食を宅配便で送っているのね。一週間ずつずらして、その日の朝に穫れた野菜や果実なんかを詰めて。今朝はグリーンピースが収穫できたから送ってあげようと思っていますけど。買うとなると、こういうものって結構、高いでしょ。これで娘たちに一袋ずつ送ると、うちで食べる分はわずかしか残らないけど、みんなで旬のものを味わえればいいかなぁと思って。たとえ少しであってもね。

三月のひな祭りには、ちらし寿司が食べられるように鯛のでんぶや、ちらしの具を煮たり、五月の節句には、かつおのたたきをつくって送ったり。うちでも同じものを食べるから、まとめてみんなの分をつくるという感じですよ。こうやっていつも送っていると、一緒に食べている気がするんですよね。たとえ遠く離れていても、近くで繋がっているような。こういう何でもないようなことが、じつはものすごく大事なことだと、私は思うのね。

孫のはなこさんには、二〇年以上「食べ物」をこうやって送り続けて、このごろやっと、この味が伝えられたかなあって思いますよ。食べさせておけばね。若いときは、いろいろなものを食べると思いますよ。いまは何も思わずに、ただ口にしているけど、少し歳をとって、自分の暮らしをもつようになれば、そんなことを思い出すようになると思うの。あのとき、おばあちゃんがつくってくれたという……。

私がそうでしたからね。母から直接、料理の手ほどきを受けたことはありませんでしたけど、母の料理を食べて、知らず知らずのうちに母の味を受け継いでいたから。だから、そのためには続けることが大事だと思って、ずっと送り続けてきたの。毎週あれこれ献立を考えて、いろいろなものをつくって。から揚げ、おでん、シチュー、コロッケ、ギョーザ、シューマイといった料理を、下茹でした野菜なんかと一緒に、クール宅急便でせっせと。味の記憶は確実に残るから。

「おばあちゃま、高蔵寺にあるもの、何でもいいから送ってね」って、この間、大学生のはなこさんに会ったら言われました。何でもおいしいからって、嬉しいですよね。いまは、はなこさんも大学生になったので、お弁当のおかずになるもの、お夜食に食べられるものなんかを中心に考えて、ほかに毎日食べなきゃいけないもの、昆布の佃煮とか、ひじきの煮もの、そういうものも必ず何品か入れるの。昔は数品をササッとまとめてつくって、手際よくその日のうちに送ることができましたけれども、この頃はつくったものをちょこちょこ冷凍しておいて、何品かできたら送るという具合になりましたね。

翌日、荷物が届くと「おばあちゃま、ありがとう」と、はなこさんから電話が入って。その声を聞くと、やっぱり嬉しいのね。小さかった頃は「たこ焼きが食べたい」なんて言われたときは、修一さんと頑張ってつくったことがありました。たこ焼きを買ってきて、中に何が入っているのか調べたりして。だから私たちの頭も手先も、刺激されて若返ったの。そうやって私たちも生かされてきたんだから、よかったんですよ。もし、修一さんと二人だけだったら、味気ない生活だったでしょうから。

とにかく、いまの人たちは忙しそうですね。二人の娘も仕事をしていますでしょ、それを見ていると、したいと思っていても時間が足りずに、物理的にできないことも多いみたい。

そこでおじいちゃん、おばあちゃんが、サポートして助けてあげればいいと思うのね。たとえ一緒に暮らしていなくても、何かできることがあるんじゃないかしら。私たちの役割って、大きいんじゃないかと思いますよ。

歳をとると、やってもらう側にまわることが多くなりますけど、それじゃあダメだと思うの。娘が嫁いだからいいとか、独立したから自分でやりなさいとかじゃなくて、家族は一生繋がっているわけだから。

上の娘が、「お母さん、いつもやってもらうばかりで、何もできなくてごめんなさい」と申し訳なさそうに言ってくるんですよ。「そんなことは、はなこさんに返せばいいのよ」って。

「誰だってお世話になった人は先に死んじゃうものなの。返せるわけがないんだから、それは次の世代にやってあげればいいことなの。親に返すということではなくて、子どもに返していけば、また子どもが同じように、次へ。だから順繰りでいいのよ」それを聞いた娘が「そお?」と、ほっとした顔をしていましたけど。

娘を育てたときも、それなりにいろいろなものを手づくりしていたけど、孫のはなこさんほどではありませんでしたよね。やっぱり、どんなに頑張っても、親はそこまではやれないのね。時間の余裕もないだろうし。

孫や子孫でなくても、誰でもいいんじゃないかしら。みんながそうやって手づくりのものを若い人に食べさせていけば、体にしみ込んでいくわけだから。それがこの頃はあまり、つくって食べさせていないんじゃないかしら。今日は疲れたから、外に食べに行こう、となっちゃって。さっきも言いましたけど、女の人はもっと、暮らしに関心をもたないといけないと思うんですよ。

贈り物の原体験は、粕漬け

――英子

これはきゅうりの粕漬けなの。こないだ新しい酒粕に漬け替えたばかりで。これ、持って帰りますか？　漬けるのは好きなんですが、食べきれないのね。やっぱり、好きな人に食べてもらうのが一番いいから。

私は実家が造り酒屋でしたから、年中、酒粕が身近にある生活をしていました。酒蔵から出る大量の酒粕は、「みつかん酢」の中埜家へ運ばれて、赤酢が造られていたんですよ。盛田酒造とか、酒屋さんが半田には何軒かあったから。盛田酒造は、ソニーを築いた盛田昭夫さんのご実家で。半田の運河沿いの付近は、お酒とお酢の匂いがミックスした、なんとも言えない匂いがしていたんですよ。私にとっては、いまもあの匂いがとても懐かしくてね。

新酒の酒粕ができるのは二月の末頃で、近所にお配りをするんですが、小学三年になると、これが私の役目になって。きちんと制服に着替えて「今年も酒粕ができましたので、どうぞ召しあがってください」と、ご挨拶をしながらまわるの。

酒粕はおやつ代わりに、焼いて食べたりもしました。いまも、酒粕ができる時期になると取り寄せて、砂糖醤油でいただくこともありますけど。半日くらい干して、水分をちょっととばしてから焼くと、風味が引き立ち香ばしいの。

それで夏になると、この酒粕を使って瓜を漬けるのが恒例で。土蔵と酒蔵の間の内庭には大井戸があって、ここは外の台所と呼ばれ、漬物の下ごしらえや、洗いものなんかは全部ここでやっていました。近所のおばさんが、山盛りの青瓜を大八車にのせて持ってくると、その大井戸の周りで、おばさんやねえやたちが集まって作業するんです。まず、青瓜を半分にして天宝銭で中の種をかき出すの。そして莚の上に伏せるように並べて干し、適度に水分が抜けたところで、真中のくぼみに粗塩をふって、酒粕を盛り上げ、二斗樽に次々と漬け込んでいくの。毎年のことだから、作業は手慣れたもんで、世間話をしながらワイワイと、それはにぎやかな光景でしたよ。

樽は土蔵の壁際に並べてあって、一〇月になると新しい酒粕に漬け替え、そのまま三年ほど寝かせておくの。売っている瓜漬けはすごい色になっているでしょ。三年寝かせておくと、あれぐらい深みのある色に変わるんですよ。熟成すると酒粕の風味もまるくなって、味も深みを増しておいしくなるのね。

そうやって三年寝かせた瓜漬ができると、樽に詰めて、お世話になった人たちへ母は発送していました。樽をつくる職人さんがうちで働いていましたから、その瓜漬を入れるための専用の小さな樽をつくってもらって。ご近所のお寿司屋さん、和菓子屋さんなんかにも包んで持って行ったり、とにかくみんなにふるまって。いま思うと、私の贈り物の原体験はこれだったんでしょうね。人間って、知らないまま形づくられていくもんなんですね。

門前の小僧で、私も夏に収穫したきゅうりを、酒粕で漬けるんですよ。私は瓜漬を直接手伝ったことは一度もありませんでしたけど、そういうものを目にしていたので、なんとなく漬け方を覚えていて。また、年をとって、それをつくりたいと思うから不思議ですよね。

うちでは毎年、畑で穫れたきゅうりを二〇本くらい漬けます。修一さんは口にしませんから、ほんとはこんなに漬けなくてもいいのに、つくるのが好きだから、ついこれくらいを。これも自分が食べる分より、むしろお客さまにお出しする分のほうが多いんじゃないかと思いますよ。今年も漬ける時期がもうすぐやってくるので、いまある分を早く食べてしまわないといけないんだけど。

粕床に使う酒粕は、板粕と塩、ざらめを混ぜ合わせてつくります。岐阜の白扇酒造から、夏にベタ粕と味醂粕が出回るので、うちではこれを同量ずつ合わせて使うの。ほんのりと甘みが出て、味わいがよくなるんですよ。それで粕漬けで大事なことは、漬けているうちに素材から水分が出てダラダラになるので、様子を見て粕床を新しくしていくことですね。うちでは三回くらい漬け替えをしながら、味をなじませていくんですけど。

半田の実家では、いろいろなものを酒粕に漬けていましたよ。切り身魚や、すっぱくなったたくあんとか。たくさんの人がうちで働いていましたから、漬けものなんかは、かなりの量を仕込んで貯蔵していたんですよ。でも、味が落ちたからといって、食べ物を粗末にするわけにはいかないから、そうやって上手に工夫していたんでしょうねえ、生活の知恵ですよね。

●きゅうりの粕漬け

材料　きゅうり、塩、粕床（酒粕、塩、ざらめ）

1きゅうりに塩をふって、余分な水分を出しておく。

2粕床をつくる。酒粕に塩、ざらめを加え、手でよくこねて、保存容器に入れる。

3きゅうりを保存容器に敷き詰めて漬け込む。きゅうりから水分が出て、粕床が薄まったら、新しい粕床に漬け替える。長く漬け込むほど味がなじんでいく。

★新しい粕床に漬け替えるときは、きゅうりを洗い、風干しをしてから漬けるといい。

★使った粕床は一度では捨てずに、順々にスライドさせながら漬け込んでいくようにする。切り身魚も粕に漬け込むと、うま味が増しておいしくなる。その場合は塩をふって水分を出してから粕床に。粕床は野菜を二、三度漬けたあとのもので充分。

身軽でいたいから

――英子

「あなたにはまだ、マフラーを差しあげていませんでしたよね？」誰にあげたかを、忘れてしまうの。一年に一〇〇本くらい織って、いろいろな人にあげていると、いちいち覚えていられなくて。修一さんが誰に手渡したかを記録してファイリングしてありますから、それを見ればわかるんだけど。これまでに五〇〇本以上織ってきたんじゃないかしら。おチビちゃんが生まれると、真っ白い毛糸でおくるみを織ってあげて。私は、できあがるまでは夢中になって織るんですが、できちゃうと、興味が薄れてしまって、それでまた次のマフラーにとりかかるの。とにかく、毛糸があれば、夏でも冬でもひたすら織っていますよ。身のまわりに物がたくさんあるというのは、私は好きじゃないのね。だから自分が身軽でいられるためにも、できたものからどんどんプレゼントしてしまうの。ここに溜めておくより、人が使ってくれるほうがうれしいから。それと、「お金は汚いもの」と教えられて育ったから、自分の手でつくったものを、お世話になった人に差しあげるのは、お金よりもむしろいいと思うんですよ。

この毛糸は山梨に住む姪が、いつも送ってくれるんですよ。羊の原毛を購入して糸に紡いでくれて。白っぽいもの、グレーなもの、いろいろな色があるでしょ。これは一頭ずつの毛の色が異なるからで、どれもいい風合いですよね。織ったマフラーのストックがあるときは、好きな色のものを選んでもらうの。自分の気にいった色合いのものをもらうほうが嬉しいかなと思って。
このマフラーは編むのではなく、機で織るの。木綿や絹糸と比べれば、毛糸は太いので織るのも楽ですよ。機織りは、足と手の両方を動かすので、いい運動にもなるの。このマフラーは平織りといって、同じ作業を単純にくり返すだけですから、一日ひっきりなしにやっていれば一本織れちゃいますけど、私が作業するのは、一日二時間だけ。あまり根を詰めすぎると、あとから肩が痛くなったりしますから。そういうのはイヤだから時間を決めてね。こうやって毎日続けることで、まだ元気に生きていられるかなぁと思って。そう思うと、できあがったマフラーはむしろ、手と足の運動のありがたい副産物なんですよ。そうそう、私が子どもの頃、近くに住んでいた関おばさんにセーターや、ベスト、靴下カバーなんかをよく編んでもらっていたの。カラフルな色を使って編んでくれて、お洒落でしたよ。年をとって人に何かをやってもらうんじゃ、ダメですよ。次の世代に何かを残さないと。そんな気持ちで、関おばあさんも編んでくれていたのかと、いまになって思うことですね。

《修一のひとりごと》 この糸を紡いでくれる姪のお母さんが九二歳なんですけど、娘に刺激されて、自分も織り始めたんですって。結構なことですよねえ。英子さんはマフラーを編んでは、人にどんどんプレゼントしているでしょ。世の中を支えているのは、こんな無償の善意なんじゃないかと思うんです。

嫁ぐときに持たせたい　――英子

去年から下の娘と一緒に、通信教育で〈白糸刺繍〉を始めたんですよ、娘から誘われましてね。それが楽しくて、毎晩刺しているの。夜、修一さんの机に座り、電気スタンドをつけてやるの。とにかく細かいのでね、一時間も集中してやっていると、目が疲れてしまって、もうそれ以上はできませんよ。あとはお風呂に入って寝るだけ、でもこの一時間が、とっても楽しい時間なのね。

たくさんのステッチや技法があって、それらを毎月の課題をやりながら少しずつ覚えていくから、習得するまでには時間はかかりますけれど、私にはちょうどいいペースなんですよ。こんな細かいことをしているから、「器用なんですねえ」と言われたりもするけど、ぜんぜん。フフッ、だって裁縫の宿題はズルして、全部、ねえやにやってもらっていたくらいで。そんな不器用な私でも、何度も繰り返しやっていれば、少しずつ、できるようになるんですよ。五センチ四方の外枠を縫うだけで一時間はかかります。毎晩こうやって作業しているのに、なかなか進まないから、「大変だねえ」と修一さんは横でつぶやいていましたけど。すぐに形にはならないから大変ですけど、まあ、やることが楽しみだからやっているのね。手仕事ってそういうものだから。はなこさんがお嫁に行くとき、この白糸刺繍のテーブルクロスを持たせたいと思っているんですよ。そんな思いが先にあるから、夢中になれるのかもしれませんね。

機織りを始めたときも、自分が織った布を、布団に仕立てて娘に持たせたい、という思いがありましたね。知多半島は綿花の栽培が盛んだったところで、昔は「知多木綿」と呼ばれていたくらい有名だったんですよ。あの時代は、みんなどこの家でも、着るものは自分家で織っていましたから。だから自分もいつかは織ってみたいと思うようになったんじゃないかしら。

縁あって長女は、紬織作家で人間国宝にもなられた宗広力三先生の下で二年間修業し、高蔵寺に帰って来ましたから、それで娘に教わりながら、本格的に私も機織りを始めたのね。それも草木で糸を染めることから。機織りの作業に至るまでにはいくつもの工程があって、それは手間暇かかる手作業ばかりでしたけど、六〇代前後で体力、気力もあったから、かなり熱中して。畑をやりながら、毎日、機も織って。そうやって初めて織ったのが鰹縞の紬です。これをお布団に仕立てて、二人の娘が嫁ぐときに持たせました。昔からの夢だったので、嬉しかったですよ。

娘は嫁いでからは機織りは休止しています。惜しいことだなって思いますけれど。ずっと続けてやっていれば、よくなると期待していたんですけれどねえ。もっとも機織りで生活することを考えていたら、とても成り立たない職業ではあるけど。こういうものは、お金のことを考えなくても織れるような環境でないと続けられませんよ。パトロンがいるとか、お金とは無縁な、そういう人たちがたくさんいることが、豊かな文化が育つことになるのですが、難しい時代ですよね。大量につくられる安価なものばかりを着ていたら、世に残るものも、つまらないものになってしまうんじゃないかしらと思うの。

台所が家の中心

——英子

うちの台所はお湯がでませんし、狭いですよ。狭い分、動きまわらずに、なんでも手が届くところに物があって、使い勝手がいいにはいいんですけれども。でも娘たちが来ると、てんやわんやで大変。男の人は台所が家の中心だって、わかっていないのね。三度の食事のほかに保存食をつくったり、お菓子をつくったり、と仕事は山のようにあって、一日の多くの時間をここで過ごすわけだから。でも、台所に大きな窓があるのはいいですね。網戸と換気扇は定期的に修一さんが洗ってくれて、いつも気持ちよく料理をつくることができます。

私は京都の台所が好きなんですよ。土間になっていて、お竈さんで煮炊きをし、吹き抜けになっているあの空間が。子どもの頃の暮らしの原体験が、そこにあるからなのかもしれませんね。とにかく私にとっての台所は、大好きな場所であり、魅力的な空間だったんですよ。

半田の実家は、江戸時代から二〇〇年以上続く造り酒屋だったので、古いしきたりが残って、台所が〈上の台所〉〈下の台所〉で分かれていたのも、その名残りでしょうね。私たち家族で食事をするのは一六畳くらいの〈上の台所〉。お店の仕事をしていただく男衆と蔵の男衆、樽をつくる樽屋さん、ねえやたちが食事をするところは〈下の台所〉と呼んで、倍以上の広さがありましたよ。

この二つの台所はガラス戸で仕切られて、自由な出入りはできなかったのね。まだ小さかった私は、外に一人で遊びには行けなかったから、いつも、このガラス戸の小窓に顔をつけてのぞき込んでたの。野菜を刻んだり、魚を焼いたりするのを目で追いながら、ねえやや、手伝いの小僧さんがしゃべるのを耳で聞いて。ここへ来ると、自分の知らない世界のことが聞けて、とにかく楽しかったんですよ。

下の台所は一段下がった土間で、窓際には水まわりと、大きなおくどさんが四つ並んでいました。壁寄りには古い黒光りした大戸棚があって、ここには藍の染付、印判の重い食器がしまわれていて。天井は屋根裏までずっと吹き抜けで、複雑に交差した梁がむき出しになっているのが見える、ゆったりとした空間でしたよ。上の台所は、下の台所で下拵えしたものに、ちょっと手を加えて配膳する小さな場所があって、食堂へと続いているの。

台所は別れていましたけど、食べるものは一緒。小僧さんが大きなお釜で炊く麦飯と、味噌汁、おかずの一汁一菜。ほかに漬けもの、煮豆、佃煮が添えられる程度の質素なものので。ただ、魚は〈上〉は白身魚で、〈下〉は青魚を使いました。肉は〈上〉は牛肉、〈下〉は豚肉。たとえば〈上〉がビフテキのときは、〈下〉はトンカツというふうで。

毎日食べるおかずは母が決めていたし、魚屋さんが持ってくる魚も、自分で鮮度を確かめるようにして選んでいました。店のことをやりながら、台所もやっていたから忙しかったと思いますよ。

土鍋がいちばん安心

――英子

土鍋はね、うちの暮らしに欠かせない道具のひとつですよ。私は若い頃からずっと土鍋を使ってきたし。ご飯を炊くのも、お味噌汁をつくるのも、ジャムを煮るのも、豆を煮るのも、佃煮を煮るのも、すべて土鍋。土鍋は素材のおいしさを上手に引き出してくれる気がするのね。それに日本人は昔から土鍋を、ずっと使ってきたわけだし。

昆布や小魚などの佃煮は、二、三日かけてつくるものがほとんどで、煮ては下ろし、煮ては下ろしを繰り返して、味をしみ込ませていくの。だから土鍋がいいのね、そのままで置いておけるから。煮物もいっぺん火にかけただけでは、おいしくは煮えないでしょ。火から下ろして冷めるとき、素材に味がしみ込んでいくわけだから。アルミ鍋だと、何かそういうものもしみ込みそうな気がするのね。だから土鍋が、いちばん安心して使えるというか。ジャムも土鍋で煮くと、おいしく煮える気がしますね。火のあたりがやわらかくて。

娘が、お豆でも何でもすぐに煮えるからいいよって、圧力鍋をくれましたけれど、あいうものはダメですね、いくら簡単、便利といわれても。

いっとき、土鍋が壊れてしまって、フランス製の鋳物鍋でご飯を炊いていたこともありました。味は変わりませんでしたけど、土鍋のほうが、なんだかふっくら温かい感じがするって、修一さんが。彼はご飯が大好きですから、そういう味覚は私よりも鋭くて。

朝、土鍋で炊いたご飯が冷めるので、うちでは炊飯器に入れておいて保温しておくんですが、夜になると水分が抜けるから、おいしくないって。「せっかく土鍋で炊いても、これじゃあ…」と言われちゃって。ほんとは朝と夜、一合ずつ炊くといいんでしょうね。いまの土鍋は二〜三合炊きを買っちゃったこともあって、その日の分を朝まとめて炊いてしまっているのでね。

《修一のひとこと》土鍋で炊くご飯は、おいしいですよー。こういう土鍋のある暮らしをトップのインテリではなくて、ピラミッドの底辺の人たちが「世の中の常識よ!」という日常になればいいなと思うんですがね。僕らがこういうことをつぶやいても影響力がないから、沢村貞子さん、幸田文さん、石井桃子さんのような、暮らしの哲学を持った人が、「こういう暮らしは最高よ!」とでも言ってくれると、一発で決まると思うんですが。そんなことを考えていると、まだまだ、僕らは死ねないやと。

【干すということ】
うちは、大中小と、大きさの異なる土鍋があるんですが、使ったあとは必ず日にあてて、カラカラに干すの。まな板なんかもね。いちばん雑菌がつきやすい道具でしょ。とにかく日にあてれば、水分がとんで殺菌されますから、何でもよく日にあてて干すの。昔ながらのやり方だけど、合理的で安心ですものね。梅干し、瓜漬けといった漬けものも、天日で干してつくるでしょ。
　昔は、風や太陽を上手に取り入れた暮らしをしていましたよね。干すより方法がなかったし、それが一番いいことだっていうことも知っていたんでしょうね。抗菌とか、無菌ですとかいって、市販されている便利なものにすぐ飛びつくけど、こういう昔ながらの知恵が途切れないよう、次世代に続いていくといいなあと思うんですよ。

蕗の佃煮

――英子

蕗の佃煮は、子どもの頃から食べていたなじみのある味のひとつね。これは母がやっていたことを思い出して、そのとおりに私もつくっているの。庭に自生している蕗は、広島に赴任中、近くの山から採取してきて、ここへ植えたものなんですよ。しっかりと根づき、佃煮にできるほどたくさん増えましたからね。佃煮にするときは、茎が細いと筋ばっておいしくないですから、ふっくらとしたものを選んで採るといいですよ。

葉っぱはむしり取って、茎の薄皮をむきます。アクで指先が真っ黒になるんですけど、私は直接、手で。作業がしやすくて、きれいに薄皮がむけますからね。それで一日干します。翌日、水で戻してから煮始めます。しなっとした独特の歯ごたえと、ほろにがさがあって、なんともいえない滋味があるんですよね。甘みがほしいときは、黒砂糖と味醂を足すといいですよ。

この前は味醂がきれていたので、日本酒で代用しようとしたら、その日本酒もなくて紹興酒を使ったんです。その紹興酒がね、古酒でおいしいものだったんです。でも、いいお酒なら、料理の味もよくなるわけだし、もったいないなんていうことはないの。「材料は、いいものを使わなきゃダメよ」って、母が言っていたことが、いまも耳に残っているのね。

●蕗の佃煮

材料　蕗、梅の醤油漬け（142ページ）、梅のはちみつ漬け（142ページ）、削り節、濃口醤油

1蕗の皮をむき、一日外に干す。次の日、カラカラになった蕗を水で戻す。苦味が気になるようなら、水を何度かとりかえて苦味を抜く。

2三センチくらいに切り揃えて土鍋に入れ、梅の醤油漬け、梅のはちみつ漬け、削り節、濃口醤油を加えて火にかける。しばらく煮て火を止める。次の日、味を見ながら、汁けがなくなるまで煮たらできあがり。

昆布の佃煮

――英子

昆布の佃煮なんていうと、すごく手がかかるようなものに思えますけれど、簡単なんですよ。火にかけて煮ては下ろし、煮ては下ろしを二、三度繰り返せば、煮えちゃうの。ごはんの仕度をしているときに、一緒に煮ておけばいいだけですからね。

食べてみますか？　少し酸味を感じるのは、梅のはちみつ漬けと、梅のだし醤油漬けで煮ているからですよ。甘さが足りないときは、これに黒砂糖を加えたりして。うちでは精製した白い砂糖はほとんど使わないんです。それと佃煮に使うのは利尻昆布を。これは福井の奥井海生堂から取り寄せているものなんですけど。

昔、東京から名古屋に越してきたとき、市内にとても上等な昆布を扱うお店があってね。値段も、それなりに高かったですよ。で、買う人がいなかったんでしょうねえ、そのお店はいつの間にかなくなってしまって。そのお店の人と話したことがあって、扱っていた上等な昆布は、数年寝かせておいてから売っていたんですって。だから当然、その値段を払うだけの価値があったというわけよね……。

うちでは昆布に限らず、海藻類はいろいろ食べていますね。わかめのお味噌汁、沖縄のもずくやところてんを三杯酢で、寒天も食べるし。でも、どんなものでも食べ過ぎはよくないので、ほかのものとのバランスを考えながら、少しずつ量を摂るように心がけながらね。

●昆布の佃煮

材料　昆布、梅のはちみつ漬け（142ページ）または砂糖、濃口醤油または梅の醤油漬け（142ページ）

1昆布は小さめの正方形に、はさみで切る。土鍋に入れて水を加え、梅のはちみつ漬け、濃口醤油を入れて一晩置く。

2翌日、ひと煮立ちさせ、少し煮てから火をとめる。何度か繰り返しながらやわらかく煮て、味を煮含ませていく。

★できあがったものを冷凍しても味が変わらないので、多めにつくっておいて、少しずつ出してうちは食べています。

女はいくつになっても、可愛くないといけない　――英子

母によく言われていたことは「女はいくつになっても、可愛くないといけない」と。いつでも笑顔でいなさい、憂鬱な顔をしてはいけないって。だからなのか、私はあまり憂鬱になることはないんですよ。一年を通してわりと、ルンルンという感じ。これじゃイヤ、とかいう感情がないの。「お母さん、ストレスにならないって、どういうこと」って、娘にびっくりされましたけど、小さいときから、そう言われていたからなんでしょうねえ。

それと「女の子はどんな境遇におかれても、そのときベストな対応ができるよう、日頃から体で覚えておきなさい」と躾けられたことも覚えていて。頭で考えるんじゃなく、言葉そのものを、体にしみ込ませるように育てられたことが、よかったんでしょうね。その時期はずっと忘れていても、けっこう年とともに、わかるようになっていくもんなんですね。

そんな昔のことを思い出すようになったのも、八〇を過ぎてからですよ。小さいときのことがふっと蘇って、ああ、昔と同じことをやってきたんだなって。気がついたら、食べるものなんかでも、昔、食べてたものを、自分でもつくるようになっていましたからね。時期になると、そんなのあったなぁと思い出して。体の中に根強く残っているんですね、小さいときのことって。

よくつくるのは佃煮や漬けもの。母は地元で獲れる飯《いい》だこやひじき、赤車海老という

小海老よりもやや大きい、ふっくらとした海老なんかをよく煮いていましたね。

あと、佃煮とは違うけど、梅干しの甘煮なんかも。塩をふくような塩辛い梅干しを水に浸して塩分を抜き、砂糖で煮るの。もうすぐ梅の花が咲くという頃合いで、土蔵に残っている梅干しをゴソゴソと出してきて。私もいつ頃からか、懐かしくなって、食べきれなかった分の梅干しでつくるようになっていました。

塩分が必要以上に抜けて酸味もなくなってしまうとおいしくないから、そこの加減は気がぬけないんだけど。あとは梅干しの存在を残しながら、甘く煮あげるだけだから簡単ですよ。母は黒砂糖を使っていたけど、私はてんさい糖を加えるの。できあがったら磁器の蓋物に入れて、朝のパン食にいただくのが楽しみなんですよ。修一さんは酸っぱい梅干しを好むので、もっぱらこれは私だけが食べて。あと娘たちに送ったり。子どもの頃は、おやつで食べたりもしていましたよ。

●梅干しの甘煮
材料　梅干し、てんさい糖
1梅干しを水につけて、適度に塩分を抜く。
2土鍋に入れ、ひたひたの水、てんさい糖を加えて火にかけ、汁けがなくなるまで煮詰める。
★完全に塩分が抜けてしまうと味がぼけてしまうので、そこの加減がコツ。あくまでも梅干しの存在を残すように甘く煮あげる。

梅干しを漬ける——英子

昔はどこの家にも梅の木があって、梅干しを漬ける暮らしだったのよね。うちは菜園のそばに梅の木があって、若い蔵の衆が引っ張るリヤカーに母は乗って、私は自転車で収穫しに行き、母とねえやで漬けていた。それがしょっぱい梅干しでね、学校へ持っていくお弁当に、毎日、必ず入っていたの。ある日、隣の子のお弁当に、ワインカラーの梅干しがポンとのっかっていたから驚いて。うちのは茶色く塩のふいた梅干しだったから、その色が、なんともうらやましかったのね。だから自分で漬けるようになってから、あのときのワインカラーの梅干しをつくろうと、毎年挑戦しましたけど、とうとう、できずじまいでしたね。

半田の家では青いのを漬けていましたけど、いま私が漬けるのは、黄色く熟した梅を使うんですよ。香りもいいし、赤じその色もきれいに漬かるみたい。熟成が少し足りないものはビニール袋に二、三日入れておいてから漬けるの。一番いいのは、自然に熟して木から落ちた梅なの。だから毎朝拾って、少しずつ漬けていくようになるんだけど。そのつど梅の量を計り、塩分を計算して、先に漬けていたものに、どんどん加えていくんですよ。手がかかるといえば、かかるけど、暮らしって、細かいことの積み重ねだと思うから、こういう手間もイヤじゃないんですよ。

●梅干し

材料　梅、塩、赤じそ

1梅を一晩水につけてアクを抜く。

2清潔な容器に梅を入れ、塩を加えて漬け込む。

3赤じそは洗って葉を摘み取り、塩でよく揉む。出てきた黒い汁（アク）を捨て、再び塩で揉む。汁がきれいな色になるまで二、三回くり返し、梅と一緒に漬け込む。

4土用の日がきたら、ざるに並べて二、三日干す。できあがったら冷蔵保存する。

★私は塩分低めの八パーセントで漬けるので、カビが生えやすいのね。朝と晩、空気に触れさせるように必ず全体をひっくり返し、土用まですっと続けながら面倒をみます。土用がきたら、晴天が続きそうな日を選んで外へ。夜露にあてながらそのまま、二、三日出しっぱなしで天日干し。赤じそは完全に乾燥させてから、すり鉢ですって、ゆかりに。梅酢は一度火にかけてから瓶に入れておいて、これで新生姜を漬け込んだりして使います。

梅の醤油漬け

――英子

うちの庭には南高梅と小梅の木があって、梅干しは南紅梅を、小梅はだし醤油に漬けるのね。毎年、大きめの瓶に一〇本前後を漬けるんだけど、これは一年間、冷蔵庫で寝かせてから使い始めるんです。割合なんてないのよ。清潔な瓶に、一晩水にさらしてアク抜きした小梅をいっぱいに詰めて、だし醤油を瓶の口いっぱいになるまで注ぐだけ。私は量を計って料理をつくるということをしませんから、いつもだいたいで。梅のエキスが出たこの醤油は、魚介類の料理に使うと生臭さが消えて、後味もいいのね。昆布の佃煮も、これを入れて煮くと、梅の効果で日もちするんですよ。

梅酒&梅のはちみつ漬け

――英子

梅酒も毎年欠かさずつくりますよ。まだ熟していない南高梅の青梅をもいできて、一晩水につけてアク抜きしてから、氷砂糖と焼酎で漬けるの。焼酎は度数が高めの四〇度を使い、一〇月になったら実だけを取り出して、中の焼酎はそのままで、暗いところに数年寝かせっぱなしにしておく。こういうものは年月が経つほど味がまろやかになっていきますから、できるだけ長くおいてから味わうようにしているの。

それで取り出した梅なんですけど、これは清潔な瓶に入れて、はちみつを瓶がいっぱいになるまで加え、これも一年寝かせて、調味料として使います。うちでは昆布の佃煮や、鰯などの青い魚を煮るときは、このはちみつ漬けを何個か取り出して、実のまま入れるんですよ。梅の酸味がうっすらと効いて、さっぱりと仕あがります。あと煮物なんかに、砂糖の代わりとして使うこともあるし、これも、うちではなくてはならない複合調味料ですね。

つくるきっかけになったのは、焼酎漬けの梅を、はなこさんが食べるので送っていたんですけど、甘みが足りないので、はちみつを入れて漬けたらどうかと思って、ふとやってみただけなんです。案外おいしくて、いつのまにか料理にも使うようになっていたの。

《修一のひとりごと》　英子さんは毎年、一〇年ものの梅酒をはなこさんに送るんですよ。あるとき六年ものの梅酒を間違えて送ったら、「今年のは、味が違うね」って言われたんだそうで。後で、英子さんが間違えたことを知って、はなこさんの味の敏感さに驚いたと。やっぱり、小さい頃からいつも口にしていると、わかるんもんなんですねえ。

らっきょう　――英子

らっきょうの甘酢漬けも毎年、欠かさずつくるのね。瓶に三本漬けて、娘に一本ずつ送ってあげるの。娘たちも好きで、楽しみに待っているみたい。カレーのつけ合わせには欠かせませんものね。あのシャキシャキ感がなんともいえなくて。料理本を見ると、らっきょうは本漬けに入る前、塩で下漬けをするみたいだけど、私は下漬けなしで直接、甘酢の漬け汁に漬けちゃうんですよ。清潔な瓶にらっきょうを詰めて、酢、酒、砂糖を合わせた漬け汁を上まで注いで、あとは冷蔵庫で寝かせておくだけ。一年中保存しながら食べるのであれば、一ヵ月後に漬け汁だけを鍋に移して沸騰させるの。冷めたら瓶に、また戻し入れて、冷蔵庫で保存。これを二、三ヵ月繰り返すことで、最後までおいしく食べられますよ。

漬け汁は、そのときに味をみて、砂糖を足したほうがいいかなと思えば足すし、濃かったら、だしを入れて薄くしたりと、調整しているの。グラニュー糖が多めだと、シャリシャリ感がなくなるので、うちはやや控えめに。やっぱり、本に書いてあることより、自分で判断するほうが、まちがいがないと思う。といっても、私は自己流すぎて、それで失敗してきたことも多いんだけど。「お母さん、一生懸命やるわりにはできないね」って娘によく言われてましたよ。でも、そうやって経験して学んできたことは、自分のものになりますね。

●らっきょうの甘酢漬け
材料　らっきょう、漬け汁（酢、酒、グラニュー糖）
1らっきょうの外皮と根を取り除いて、ざるに入れ、上から熱湯をかける。
2同量の酢と酒、グラニュー糖を鍋に入れて火にかける。沸騰したら火を止めて冷ます。
3清潔な瓶にらっきょうを詰め、漬け汁を瓶いっぱいまで注ぎ、冷蔵庫で保存する。

自然に逆らう暮らしはしたくない　――英子

柚子、かぼす、甘夏、文旦、レモン、ライム、うちの庭にある柑橘です。いくらあっても柑橘は、困ることもなくて便利ですよ。ジュースに入れたり、ジャムをつくったり、サラダや焼き魚に果汁を絞ったり。あとうちでは髪を洗った後のリンスとして使ったり、お風呂に浮かべたりもして。だからそういう類のものは買ったことがないの。あるものを利用しているってことですね。

私は顔を洗ったら、そのまま洗いっぱなし。化粧水もつけないんですよ。戦争中の物不足や、お金がなかったりで、いつの間にか何もつけないのがあたりまえになってしまって。よく高価な化粧品の宣伝をやっていますけど、体の外より中、むしろ口に入れる物に気をつけることのほうが大事なんじゃないかしらって思いますね。

クリームの類も一切つけないの。冬場でも。うちの台所には湯沸かし器をつけていませんから、冬でも水で食器を洗うんです。真冬は手が切れそうなくらい冷たくて、そういうときは、やかんでお湯を沸かして。あと湯たんぽの残り湯を利用したりしてね。不便といえば、まあ不便なんですけども、もう長年の習慣で慣れちゃいました。それでもなぜか、あかぎれとかしもやけになったことは一度もないの。

修一さんは「僕は台所をしないのに、あかぎれになっちゃう」と、冬場はよく手にクリームを塗っていますよ。クリームを塗るとベトベトするでしょ、あれが私は苦手で。だから体にも何もつけません。とにかく自然のまま。そんなんだから、体もそれに順応しちゃったんじゃないかしら。というか、そういうものにみんな頼りすぎてしまっているんじゃないかとも思うけども。

たまに、お店の洗剤コーナーなんかをのぞくと、カビ取り、トイレ用、お風呂用、消毒用、いろんな用途のものがありすぎて、びっくりしますよ。うちで使う洗剤といえば、石けんだけ。名古屋大学と三重大学の先生が開発して豊橋のメーカーがつくった石けん*なんですけど。天然の油脂からつくられるので環境にも、人にもやさしいということで、ここに住んでから使い始めたんです。だからもう三〇年以上になりますよね。年に数回、メーカーから直接取り寄せています。それで体や髪を洗ったり、食器を洗ったり、洗濯は粉末にしたものがあるのでそれを。充分にこと足りますよ。

だから、なぜ、そんなに洗剤類が必要なのかと首を傾げたくなりますね。つまり洗剤会社の利益のためなのかと。いい香りもするし、快適なのかもしれませんが、それが川や海を汚すことにもつながっているわけでしょ。毎日使うものなので、それが地球を汚すことにつながっていたら困るなあと思うんですよ。

うちではトイレットペーパーとティッシュも、環境にやさしいといわれているものを取り寄せています。少し割高でも、そういうものにむしろお金を使いたいと思って。とにかく、自然に逆らった暮らしはしたくないと思うのね。便利さだけを求めずに、少ないもので、シンプルに生活したいですね。

＊〈ミセル石鹸〉石井油脂工業
愛知県豊橋市前田町2-8-7
☎0532・52・3858

一日二時間ずつ

——英子

「農作業はつらくないですか?」ってよく聞かれますけど、「好きなことだから、ぜんぜん」。弱虫だから、そんなにやらないの。一日二時間までと決めて、それ以上はやらない。中途半端で気持ち悪い、もう少しやりたいと思っても、やりっぱなしで終わり。無理をしてあとで体が痛くなったりすると困りますから。

いまよりも体力があった頃は、好きなことをやり過ぎて、生活のリズムをこわすことが多かったんですよ。特に夏場、頑張りすぎると秋に疲れがどっと出て、体調が悪くなるから。そんな経験があって。食事の準備をしたり、佃煮やジャムを煮たり、お菓子をつくったり、機を織ったり。トータルで一日いろんなことをゴソゴソやっているから、それがいいんだと思います。気分もそのつど変わるでしょ。それで寝るまで何かしらやっている。だからやることがないと困りますよ。ボーッとはしていられない性分だから。椅子に座るのは食事の時間と、お茶の時間くらい。座ると「あー、やれやれ」なんていう気持ちになりますね。年をとったなあーと、このごろは実感して。

私は、四八から五七歳までを広島で暮らし、毎週金曜日になると新幹線で高蔵寺と、お義母さんの住む東京とを行ったり来たりで、忙しく移動を繰り返したでしょ。で、平日は米や野菜をつくったりして。ああいう忙しい暮らしを一〇年間も経験したことがよかったんじゃないかと思います。あの一〇年があったから、いまもこうして元気でいられるんだと思うの。人間って、動けば動くほど、動けるようになるんですよ。体も丈夫になっていくし。

それと欠かせないのは、昼寝。多いときは二時間くらいしっかりと。夏場は早朝から畑で仕事をしますから、昼寝することで、体も頭もすっきりしてリフレッシュするのね。昼寝から起きると、機を織ったり、かたづけをしたり。うちの夕食は六時からなので、畑に出て野菜を穫ってきて早めに食事の準備にとりかかります。

六時になると修一さんは鳩時計の分銅を外し、時計の針を止め、今日の仕事は終わりと、気持ちの切り替えをして、あとは夕食をゆっくり。あとかたづけをすませた後は、アイロンをかけて、刺繍をしたり、編み物をしたりと、また自分の好きなことをして。だから、あっという間に一日は過ぎていきますね。

お風呂は寝る前に入り、ポカポカに温まった体で布団の中に入れば、朝までぐっすり。日中ゴソゴソと動いていれば、それだけ体も疲れて、眠りも深くなります、だから眠れないってことはほとんどないんですよ。

夜、寝る前に、明日はこうしようとか、
朝食のメニューを考えるの。
翌日のノルマを決めて、それにそって動くの。

O.K.
おまたせしましたっ！
しゅうへいちゃん
オキガイ！

覚譽一道居士
賢譽妙幸大姉

榊原家奥津城
禅窓澄心大姉
榊原家

朝は一杯の野菜ジュースから

――英子

うちはめったに外食なんかしませんでしたから、三食、私がつくるものを食べていたので、「家族が病気になったら、自分がつくる食事のせい」というくらいに思って、台所をやってきたんですよ。だから気を引き締めて、それなりに一生懸命でしたよ。

野菜ジュースを飲むようになったのは、六〇を過ぎてからですね。野菜や果物を、修一さんは進んで食べようとはしませんから、朝、ジュースを絞って飲むようにしたの。そのかいあってか、病気ひとつせず、ずっと健康体でこれました。胃腸の弱かった私も、なにしろ丈夫になったし。

そんなにバラエティにとんだジュースではないですよ。朝、畑から穫ってきた野菜が基本だから。それにみかんやりんご、庭になった柑橘類などの果物を何か加えるようにして。春から夏はキャベツやきゅうり、セロリ、サラダ菜、サニーレタスなどが中心で、秋から冬はヤーコンや葉もの、間引き野菜が中心になりますね。あと、季節に関係なく、人参があるときは、なるべく入れるように心がけていますけど。味は日によっていろいろ。見た目の色も、そんなにきれいではないし。でも栄養的にはかなり優れていると思うんですよ。もし、この一杯分の野菜を食べるとなれば相当な量で、とても一度には食べられない。それくらい、この一杯には栄養が凝縮されていると思うの。あと、栄養の吸収もジュースにすることで、とてもいいんだと思います。

◎ある日の野菜ジュース（149ページの写真）。
手前のグラスは、ヤーコン1本、りんご半個、みかん1個、人参½本、セロリの葉少々。
奥のグラスは、りんご1個、セロリ2本、ヤーコン2本（小さいもの）、みかん2個、柚子1個。
甘みが欲しいときは、ハチミツを加えることも。捨ててしまいがちなキャベツの軸を入れたり。人参やレモン、りんごを加えると、飲みやすい味になります。

八四歳からサプリメントを飲みだした

——修一

体のためにサプリメントを摂り始めたのは、この二、三年なんですよ。立ったり、座ったりするふるまいがつらくなって、それでグルコサミンの錠剤を、朝食が終わったあとで飲むんです。僕は四粒、英子さんは二粒。

落ち葉は、秋から冬にかけて集中的に集めるんですが、このところ頑張りすぎて膝がちょっと痛む。歩くと、カタカタと膝のあたりから音がするので、お医者さんに診てもらったら、ただの老化現象ですって。筋肉が落ちてくると、骨をつないでいる筋肉も弱くなって、それで音がすると。八七という歳を考えれば、体と相談してやっていくしかないんですかねえ。それで英子さんからすすめられて、サプリメントを飲み出したら、ずいぶんと症状が軽くなった気がしますよ。彼女は、五十代の頃から畑仕事を毎日、一生懸命やっていましたから、早いうちから飲んでいたみたいで。

今年はすでに、落ち葉を二〇〇袋以上集めていますから、英子さんから「やりすぎ!」と注意されるんですが、これが、やりだすと止まらない。つい熱中して、暗くなるまでやっちゃうでしょ、それで後から疲れが出て、後悔しても遅いといった状態なんですよ。イチローが一〇年連続、二〇〇安打だったでしょ。こっちも二〇〇袋の記録を年々更新させて、なんて考えながら落ち葉を集めているわけで。

うちの前の公園の落ち葉は、おもにケヤキとサクラ。どちらも葉がきれいですね。サクラの葉っぱからは、ほんのりといい香りがするし、ケヤキは小さくチリチリとなってかわいい、それを三〇キロ詰めの米袋に、ギュウギュウ詰めて。

この落ち葉をかき集める熊手ですが、こういう道具を扱っているお店も少なくなりましたね。うちのは修理しながら使っているのでまだ使えますけど、道具の需要がなくなってしまうくらい、最近はこういうことをやらなくなってしまっている、ということでしょうね。袋に詰めた落ち葉は一輪車に積んで家まで運び、駐車場と農小屋の入り口に高く積み上げてストックしておきます。あのコーヒー豆の麻袋に入っているのも落ち葉ですよ。

冬にむかう時期、畑全体に、この落ち葉を敷き詰めます。歩くところもわからなくなるくらい、たくさん撒いて、寒さから冬野菜を守ってあげるわけです。強い北風が吹いても、よそに葉っぱが飛んでいくことはないです。それで翌春、土起こしをしながら、土の中に埋め込んでいく。こんな地道な努力のおかげで、だいぶ土もサラサラになってきたように感じますね。三〇年かけて、やっとここまできた、という思いもあって。

ここは公園が目の前だから、春にサクラが咲きますでしょ。きれいだなあ……、なんて花見をするんですが、やがては散っていく。で、落ちた花びらが、そこいらじゅういっぱいになるから、それをせっせと集めてきては、雑木林や畑の中に入れているんですよ。わずかな量ですけど、あの花びらが、道路に落ちたまま朽ちていくのを見るのは忍びないという思いがあってね。うちの畑にヒラヒラと西風でやってくるのはそのまま、畑の栄養にどうぞと歓迎的な気持ちで見守って。

朝、収穫したばかりの豆を、お味噌汁で食べると、それはもう、おいしいですよ。やわらかで、みずみずしくて。あのおいしさの中には、サクラの花びらや葉っぱなんかの、そんな養分も入っているんじゃないですかねえ。

水上勉さんの『土を喰らう日々』、あの本は僕も英子さんも大好きでね、何度も読みました。水上さんが本の中で語っていますが、畑で採れる野菜を食べているけれども、野菜という感じではないと。同感ですね、〈土を喰らう〉という感覚に近い。土がよくなれば、野菜の味もよくなっていく、そんな感じがしますね。

《英子のひとりごと》私はカルシウム、ビタミンCなんかを、五十代の頃から摂り始めたんです。半田の兄にすすめられたことがきっかけで。娘たちも五十代になりましたから、サプリメントを修一さんに買ってきてもらって、野菜と一緒に送ったりしているんですよ。

切り干し大根づくり ——英子

ここ高蔵寺も、大寒の一月から二月にかけてがいちばん寒い時期なんですよ。でも、寒いからって、家に閉じこもってばかりもいられないの。機を織らないといけないし、春にむけて畑の準備をしたり、冬野菜を収穫したりして。

今年は聖護院大根のほかに冬しぐれ、という大根を初めてつくってみたんですけど、この春日井市周辺は、宮重大根の産地なんですよ。青首大根に似た甘みのある大根で、長さが四〇センチにもなる大きな大根なの。うちの畑は下が岩盤なので育てたとしても、深く根を伸ばすことができないので、短いものしかできない。だから、ごぼうなんかも短いんですよ。そういうことでいえば、聖護院大根を育てるには適した環境ではあるのね。

大根はおだしで煮いて柚子味噌で楽しんだり、お味噌汁に入れたりして食べますけど、二人では煮物なんかにしてもあまり量を食べられませんから、なかなか消費できない。それでよく、切り干しをつくって保存するんですよ。娘に送ったり、来た人にあげたりするので、冬の間は何度もつくりますよ。人にどんどんあげちゃうから、いざ、自分が使おうとするとなくて、あっー、少し残しておけばよかったと後悔することも多いんだけど。

切り干しをつくるときは、前の晩、畑から大根を抜いてきて土を落とし、きれいに洗って用意しておくの。大きいのを四本くらい、これが一回につくる量ね。で、翌日の朝、土鍋でご飯を炊く間に、ササッと作業をしてしまうのね。二、三ミリ厚さの輪切りにして、それを細くせん切りにしていくだけだから時間は、そんなにかかりませんよ。それで、ふわっーとざるに並べて。大きなざる二枚分、これだけあっても、干すと一袋できるかどうかくらいの量ですよ。あと、ハリハリ漬け用にいちょう切りにしたものを干してみたり。日中は外に干して、夜は軒下に入れる。この時期は、空気が乾燥しているので二日もあれば、チリチリに干しあがりますよ。今日くらい北風が強いと、一日半くらいでいいかもしれない。

朝、干したら、昼頃にはきれいに洗った手でひっくり返します。箸を使うより、手を使ったほうが確実だし、やりやすいのね。二日目も手でときどき返して、パサパサに乾いたところで、少量ずつラップで包み、保存袋に入れて冷凍するの。白く、さっぱりとして、くさみのない切り干し大根ができますよ。干すと、生よりも大根のお味がするし、甘みも増しておいしくなるの。

これで味噌汁をつくってもいいんですよ。生とはまるで違う食感で、味があるのね。半田でも冬になると、よく切り干し大根をつくっていました。油揚げなんかと一緒に煮て。子どもだった頃は、ちっとも魅力なんか感じられなくて、おいしくないなあ、なんて思っていましたけど、いまは箸休めにちょうどいいおかずになりますね。

一〇〇回ベーコン　――修一

この手づくりベーコン、一度食べると、もう一度食べたいと、やって来る人が大勢。リピーター率がかなり高いんですよ。英子さんが三日前からお肉を漬け込んで、僕が二時間ほどかけて燻《いぶ》す。手間はそれなりにかかりますけれども、年中やっていますから、ぜんぜん億劫じゃないですよ。たまにこういうことをやるとなると、大仕事になるんでしょうけど。

このレンガでつくった燻製炉も、回数を重ねるごとに燻製の香りが馴染んできましたからね。ベニヤ板とか、スチール缶で手軽につくる方法なんかもありますが、おすすめはレンガですね。遠赤外線効果で、熱が肉の中心まで伝わって、ぐうっとおいしくなるんですよ。

何度も繰り返しつくっているから、燻製炉の内側は脂と煙で真っ黒。味噌や醤油をつくっている蔵のように、ここには何か、そんな微生物が棲みついているような感じさえしますよ。どうです？　ここに肉を吊るしただけで、おいしいベーコンができそうでしょ。この炉は使っていないときでも、香ばしい匂いを発していますよ。薫製をするときは、うっかり洗濯ものなんか干したりしたら大変ですよ、匂いがついちゃって。あと、風の強い日なんかに燻製をつくると、ご近所に匂いが流れていかないかと、気になりますね。

◎手づくりアイデアの工夫1　まずは設計図

僕は何でもそうですが、物をつくるときはまず設計図を描くんです。薫製炉を見てもらえばわかりますけれど、この炉はシンプルで、つくり方も簡単なんですよ。設計図を描くほどのものではないんですがね。

◎手づくりアイデアの工夫2　あるものを利用する

材料は、あらたに買ってくるのではなく、家にあるもので代用できないかを、まず考えます。無駄に物を消費したくないというか。だから使えそうなものは、普段から取っておきますよ。機械を解体して出るネジなどの部品、コーヒーの缶、伐採した雑木とか。クリーニングに出すと針金ハンガーがついてくるでしょ。あれも、この薫製炉で使っています。ほら、ここ。レンガを固定させるために、周囲をぐるりと巻いているんですよ。

◎手づくりアイデアの工夫3　ロープワークを活用

薫製炉の蓋にお肉を二つ、三つ吊るすとなると、蓋自体がかなり頑丈でないといけないので、必然的に重いものになってしまいます。そこでロープを操るだけで重い蓋が簡単に上げ下げできる仕組みを考えました。ホームセンターまで自転車を走らせて、一個、一五〇円の滑車を買い込み、ロープを使って取り付けました。これだとロープを引っ張るだけで、重い蓋もスルスルと持ち上がって、英子さんのような力がない人でも楽に操れます。
うちでは、そこかしこにロープワークを生かしているんですよ。たとえば雨の日の洗濯物なんかもあれよあれよと整理して干したり。ヨットで培ったロープワークの技を日常に役立てているわけです。

さて本題である燻製をつくる手順ですが、いたって単純ですよ。肉を入れる前に、まず炉に炭を入れて二時間ほど温めておく。一時間でもいいんじゃないか、と思われるかもしれませんが、この予熱によって遠赤外線の恩恵を受けて、肉の味わいがより深くなりますから、ここは大事ですね。

それから肉を入れて、約二時間燻します。薫製に使うチップは、いろいろな種類が市販されていますから、自分のお好きなものを使うといいですよ。うちではりんごのチップと、雑木林のクヌギを細かくしたものを合わせます。それと庭に植えてあるシナモンとローリエの葉っぱを、香りづけとして途中から加えていく。積み上げたレンガの隙間から適度に煙が抜けて、いい具合に仕上がっていきますよ。この焼きあがるまでの時間が、また楽しいんです。いろんなことを好き勝手、頭に描いてね。

このベーコンづくりも、もうすぐ一五〇回に到達する予定です。やっぱり、どんなことでも一〇〇回以上回数を超えると、自分らしいホンモノになってくるもんですねえ。何度も繰り返すことで、自分なりのやり方やコツがつかめてくる。僕はね、何でもまず百回を目標にしていきます。ときをためる暮らしの目標ですね。

●ベーコン

材料　豚バラ肉（塊）、A（粗塩、ざらめ、コショウ）、香味野菜（人参、玉ねぎ、セロリ、ローリエ）

1豚肉にAを全体にまぶす。バットに入れ、スライスした香味野菜を散らし、冷蔵庫でときどきひっくり返して三日間漬け込む。

2焼く当日、肉を水洗いして、たこ糸で肉全体をしばる。肉が焼けると小さくなるので、少しきつめに。

3炭をおこして炉に入れ、二時間ほど余熱で温めておく。

4鉄板製のバット（お菓子の空き缶でもいい）にチップを盛って、炉のチップ棚に置く。

5肉を吊るす。チップの交換は一五～二〇分ごとに。三回目からは香りづけのローリエ、シナモンを加える。約九〇分で中まで火が通る。金串を刺し、透明な肉汁になっていればOK。火を落とし、そのまま一五分ほど余熱で焼く。

★チップはサクラ、ヒッコリー、くるみ、りんごなどが市販されています。単独でも、いくつかをブレンドしても。いろいろ試してみるのも楽しい手間に。

いろんな人が、このベーコンを食べてきましたよ。人がいらしたときにご馳走するだけでなく、六月と一二月は、お世話になっている人に贈るためのベーコンもたくさん焼いているから。それで、その晩はご相伴ということで食卓にも並ぶんですよ。

薄いピンク色で、脂のところは透明、これがおいしく焼けた状態で、英子さんにちょっと厚めに切ってもらい、お酒を飲みながらいただくんです。「明日も、これが食べられるんだなあ…」なんてこっちは考えながら。ところが、それっきり。残った分は、娘たちへ送るからと、すでに箱詰めにされてしまって。だからね、こうやってつくっているわりには、案外、僕が食べている量は少ないと思いますよ。

おいしいお菓子をつくるために

――英子

お菓子は雨で農作業ができなかったり、材料があるときに、一気につくっておくんです。ガトーショコラ、チーズケーキ、タルト、シフォンケーキといろんなものを。それで一台を四つにカットして冷凍しておくの。するとどういうわけだか、みなさんがよくいらっしゃって、次々になくなっていくから不思議ですよ。

修一さんは、甘いものはあまり口にしません。お客様がいらしたときは、ご相伴で私のつくったお菓子を一緒に食べますけれども、普段はおせんべいがあれば、それで満足していますから。

よくつくるのは焼き菓子的なものですね。娘を育てたときはスイートポテトやプリン、クッキーのような簡単なものばかりでしたけど、孫のはなこさんへ定期的に食べ物を送るようになってからは、パイやタルト、ケーキなんかをつくるようになりました。何か変わったものをつくらなきゃという思いにかられましてね。

でも、一生懸命になってつくるだけではおいしいものは、つくれないと思うんですよ。やっぱり自分が、そのおいしいものを知らないと。お菓子でも、お料理でも。だから機会があるときは、「おいしい」という評判のお店で食べてみたりもするの。いつだったか、名古屋の駅ビルで若い子たちが並ぶ列に加わって、エクレアを買ったことがありましてね。あまりに長い行列だったから、並んでいた女の子に聞いてみたの。フランスで有名な菓子職人のお菓子というので、私もその列に。フフッ、こんな老女がよ。でも並んだだけの価値はありましたね、おいしかったもの。

お菓子は分量が大事ですね。料理は自己流、感覚でつくりますけれど、お菓子は必ず本を参考にしてつくるの。たくさんの方のお菓子の本が出ていますけど、そのたくさんある本の中で藤野真紀子さんのレシピを読んでいたら、自分の感覚と合うなあと感じて。で、レシピを見ながらつくって食べたら、ああ、ほんものだなあと。以来、ガトーショコラ、チーズケーキ、スコーン、ホットケーキをつくるときには、藤野さんの配合を参考にするようにして。私は藤野さんのようにはつくれないだろうけれど、ホットケーキのような素朴なお菓子でも、あの人の配合でつくると、やっぱりおいしいですからね。

それと素人がおいしくつくるには、素材選びがとても大切。あたりまえのことなんだけど。うちではバターや牛乳はよつ葉乳業のものを、それ以外の生クリームなんかは名古屋へ出たときに調達するんですが、あるとき必要に迫られ、いつもとは違うメーカーのバターを近所のスーパーで購入し、ケーキをつくったことがあったの。ところがなぜだか、いつものようにはいかなくて。バターがたっぷりと入る生地だったんですけど、ベチャベチャして、ふわっとした感じにならない。私も初めて経験することで、材料は大事なんだなって、考えさせられる出来事でしたね。

四台の冷凍庫と、一台の冷蔵庫 ――英子

うちの暮らしには冷凍庫は必須ですね、それもスエーデンのエレクトロラックス社のものが。このメーカーの冷凍庫は引き出しで区切られているだけで、とてもシンプルなの。だから使い勝手がいいんですよ。その引き出しごとに、お肉、お魚、野菜とに大ざっぱに分けて入れるだけ。

そもそも初めから、エレクトロラックス社の冷凍庫が欲しいと購入したわけではないんです。欲しかったのは、ここの掃除機だったの。絨毯のごみをよく吸い、威力が落ちない、という宣伝コピーに魅かれたんですね。で、念願の掃除機を手に入れて使ってみると、ストローマットの表面のごみだけでなく、下のごみまできれいに吸い取ってくれて、掃除のしがいがあった。「なるほど、優れているな」って。これは私の思い込みなんですが、「寒い国のものは優れている」という気がするのね。それで今度はここの冷凍庫を使ってみようと購入したのが始まりで。実際に使ってみると、容量が大きいし、使い勝手がよかったから、五年後に二台目を。修一さんの記録によれば、当時（八三年）一六万円だったといいますよ。

毎週のように娘たちに宅急便を送るようになり、ストックするものが増えていきましたから、その後、三台目、四台目の冷凍庫も購入していったんです。現在は、四台の冷凍庫と、一台の冷蔵庫があります。ここは住宅街で、近くにお店があるわけではありま

せんから、とにかく私はたいがいのものを冷凍庫にストックしておくんです。娘に買い物をしてもらった二ヵ月分の食材が届くと、肉や魚など一回ずつ使う量を小分けにして、ジッパー付きのビニール袋に入れて冷凍庫へ。お客さま用にブロックの肉を、多めに買うときもありますし。

畑の野菜は、次から次へと穫れるので、食べきれない分は下処理をして、これも冷凍していきます。ほんとにおいしい旬の時期ってほんの数日間なんですよ。その穫りどきを逃すと実が入りすぎて固くなったり、筋張って味が落ちてしまったり。だから、食べきれない分は、どんどん収穫して冷凍するんです。こうすることで野菜の少ない時期も、冷凍しておいた分で食べていけるんですよ。だから、うちの暮らしには冷凍庫がないと困るんですよ。

《修一のひとりごと》 冷凍庫は英子さんの宝物箱ですよ。冷凍庫に置かれている瓶のラベルを見てみると、まながつおの漬け汁、車海老のだし、照り焼き用たれ、パイナップルジュース、豚煮汁…、素材に限らず、いろいろなものがたくさんストックされています。あらゆるものを凍らせておいて、人がいらしたらここから、どんどん使っていくわけですよ。彼女の頭の中で、何があるかが常に整理されて、料理がつくられていく…すごい記憶力ですね。

英子流　野菜の冷凍活用術

——英子

　最初から冷凍庫を活用していたわけじゃなくて、フリージングの本を参考に、いろいろなことを自分で試していったんです。結果、ほとんどのものは冷凍できることがわかりました。そのまま冷凍するとおいしくないものでも、下ごしらえをして手を加えてからだと、味を損なわずに食べられたりするの。たとえば、ごぼう。さっと茹でて冷凍すると、繊維が筋張って口の中に残る感じですが、八幡巻きのようにお肉に巻いて調味料で煮たものを冷凍すれば、違和感なく食べられます。筍も炊き込みご飯にしてから冷凍すれば、舌に残りませんし。調理法の工夫によって、ほとんどのものは冷凍が可能ですね。とにかく気になるものは凍らせてみる。いまだに私の冷凍法は、日々進化していっていますよ。


［トマト］輪切りにしたものを天日で干し、冷凍パックで保存。ピザ用のソースなどに。輪切りにして種子を取り、煮込んでトマトソースをつくり冷凍。種付きのまま裏ごししてトマトジュースをつくり冷凍。

［なす］適当な大きさに切り、天日で半日干し、冷凍パックで保存。

［ズッキーニ］スライスして、三時間ほど半日干し、冷凍パックで保存。ピサのトッピングに。

●じゃがいものスープ
じゃがいもは、生だと冷凍に向きませんが、蒸かしてマッシュ状にすれば冷凍できます。うちでよくやるのは、マッシュ状にしてからバターと牛乳を混ぜて冷凍へ。凍ったまま鍋に入れて火にかけると、そのままスープになって、忙しいときには重宝します。

●なすの素揚げ
なすは素揚げをしてから冷凍します。凍ったままで土鍋で蒸し、醤油をたらして賞味すると、おいしく食べられます。

●青トマトのチャツネ
トマトの収穫期が終わりに近づくと、赤くなりきれなかったトマトが残ります。この青いトマトはサラダで食べたり、ジャムやチャツネをつくって冷凍しておきます。玉ねぎを加えたシンプルなチャツネで、カレーに加えると味わいが豊かになりますね。

［グリーンピース、そら豆］　さやから豆を取り出し、そのまま冷凍パックで保存。
［人参］　適当な大きさに切り、三時間ほど天日干し、冷凍パックで保存。
［しいたけ］　適当な大きさに手で割き（または切る）、そのまま冷凍パックで保存。
［長ねぎ］　適当な大きさに切り、そのまま冷凍パックで保存。すき焼き用のねぎとして大きめにカットしても。
［小松菜などの葉もの類］　さっと熱湯でゆでて水けを絞り、一回分ずつラップに包んで冷凍パックで保存。解凍せず、そのまま調理を。
［しょうが］　洗ってそのまま冷凍保存。凍ったまますりおろしたり、スライスして使う。
［カリフラワー、ブロッコリー］　適当な大きさに切り、そのまま冷凍パックで保存。
［じゃがいも］　細切りにして素揚げし、冷凍パックで保存。ピザのトッピングに。
［さつまいも］　スライスして素揚げにし、冷凍パックで保存。オーブントースターで解凍しながら焼いておやつに。
［りんご］　輪切りにスライスし、三時間ほど天日干し、冷凍パックで保存。
［柿］　干し柿にし、冷凍パックで保存。

★野菜類は、薄く切ってかるく干してから冷凍すると、味が凝縮されておいしくなります。また、干すと食感が変わり、火を通してもあまり煮くずれするようなこともないです。

大切なこと

自分に具わった感覚で、物事を判断する

――英子

あれは終戦まぎかの六月で、その日も朝から快晴でした。

金城学院専門部の学生だった私は、女子挺身隊として熱田区の愛知時計工場に、毎日電車で通っていたんです。もうすぐそこが工場だという白鳥橋の上で、突然、空襲警報が鳴り響いたから驚いてしまって。とっさにいま来た道を私は引き返し、一キロほどの坂道を走って、熱田駅へと夢中で戻りました。そこで警報解除。だけど、工場へ戻る気にはなれず、電車に飛び乗りました。家に帰りたいと、強く思ったんですよ。なんだか、とても怖くて。

途中、乗り換えのため連絡地下道を歩いていたときに、ドーンという音とともに、大地震のように揺れて。工場に「熱田の一トン爆弾」が落とされ、たくさんの友人、多くの人が爆死して、まさにあの「家に帰りたい」という気持ちが生死を分けたんです。それからの数日間は、気落ちして家から一歩も出られませんでしたね。

こんな体験をしたから、自分の考えに従って生きよう、と私は強く思うようになったんですよ。何もわからないまま流されて、「右と言われれば、みんなと一緒に右へ行く」というのではなくて。自分に具わった感覚で、物事を判断していこうと。だからテレビや新聞で言っている多くのことは、へえっという感じで、ぜんぜん信用しませんよ。そういうものにみんな毒されちゃっていますけど。私は、自分で感じたことしか信じない。

頭でじっくり考えるというより、勘ね。迷ったら自分の感性を信じて、これまでやってきました。修一さんとの暮らしも、そうでしたよね。

彼曰く「世の中のしきたりに従って流されて生きていると、決して幸せなことにはならない」と。そこで冠婚葬祭のおつきあいは一切やめよう、盆暮れの贈り物、つけ届けも一切しないということで、結婚生活をスタートしたんです。

二つ違いの弟と私は仲よしでしたから、新居だった原宿の家にも、ときどき遊びに来ていました。その弟の結婚式にも、修一さんは欠席だったし。ほんとはその日、会場まで一緒に行ったんですが、「僕の生き方、信条に恥じるから」と目の前で引き返して。身内だろうと、お世話になった人だろうと、今日まで彼は一切出ていません。私も、姪や甥の結婚式へ出たことはないし、お祝の類も贈ったことがないの。そんなふうだから、人とのおつきあいは疎遠にはなりましたよね。自分と血のつながった身内でも。女友だちとのお付き合いも、まるでしたことがないし。だからいまと同じ、毎日、家の中のことをやって暮らしていました。でも、それが嫌だなっていう気持ちはなかったんですよ。私は家のことをしているのがなによりも好きでしたからね。

唯一、例外だったのは、お義母さんのお葬式と娘の結婚式。娘の結婚式にも「僕は出ない」と言い出しかねないので、そのときは仕方がないわ……と心づもりはしていたんですが、娘とバージンロードを歩きましたからね。

私もね、彼と同様、世の中のしきたりや流れとは異なる考えを持っていました。

質屋に出入りするほど生活は困窮していましたけど、食べるものにはとても気をつけていました。生活費を節約するとなれば、食費を減らそうと考えますが、私はそんなふうには思えなくて。だったら、なおさらちゃんとしたものを買って食べなきゃと思って。体が資本ですからね。

結婚をした昭和三十年代は、あらゆる物が大量に生産されていく中で、食品の品質は急激に変わり始めていた時期。隣に住むお義母さんと一緒に近所へ買い物に出かけても、私はそこでは買わずに、あとから紀ノ国屋へ行って揃えていました。

というのも私は体が弱かったこともあって、実家の母は食べ物にとても気を遣い、お店が忙しくても、魚でも母が鮮度を見て、コレとコレ、と毎日決めていたんですよ。そういうのを見て育ちましたから、なるべく信頼できるところから買いたいと思っていて。当時の紀ノ国屋は進駐軍相手の特別清浄野菜を扱うお店として、値段もよそと比べると割高でしたけど、安心できたんですね。「あなた、お金もないのに……」とお義母さんから言われても、体を考えれば「食べるものは、生きていくうえで一番大切よ」と、自分の考えを変えられなかったんですね。

あれから半世紀以上が経ったいまでも、うちでは紀ノ国屋から買って食べています。二ヵ月に一度、世田谷に住む娘に買い物を頼み、ここまで送ってもらっているんです。

やっぱり女の人は、暮らしに見識をもたないとダメだと思いますよ。自分に何が必要かを考えて暮らしてほしい。戦争中もなびいたけども、いまはメディアにみんなが支配されちゃっている感じですね。自分でね、これと思う感性を育てないとダメですよ。たとえば、みんなが車を持つから、自分も持つというのは、おかしいと思うの。自分にあわないものは、やめておいたほうがいいと思う。うちでは、そうやって暮らしてきました　ものね。

彼の哲学と、私の哲学は、ぜんぜん違います。でも、お互い世の中の常識には流されず、自分の感性でいいと思ったことを続けてきた。そういうところは、二人とも合っていますね。遠いところを見つめる二人の方向は一緒だったというわけね。

《修一のひとりごと》　英子さんみたいな考えの女性が増えてくればいいなあと、僕は思っているんですけどもね。

未来に向けて新しい暮らしをするんだって思っていた。
いつも前だけ向いて、あまり心配はしなかった。

自分にとって、何が大事か

――修一

僕は、建築家のル・コルビュジエ*から影響を受けましてねえ。作品でどれがいいとか、そういうことではなくて、むしろ彼の生き方に。

彼は有名な建築をたくさん残していますが、自分の主張する建築が社会的に受け入れてもらえない時代が、わりと長く続いたんです。経済的にもその期間は非常に恵まれなくて。それで結婚する相手に「僕は建築家として、いろいろな主張をしてきている。しかし、それはお金には結びつかないだろう。だから子どももつくれない。それでも君は僕と結婚してくれるかい」というような内容の手紙を書いているんです。建築に対して彼なりの哲学と、人生のストーリーがあったわけですよ。それを一貫して貫いたことはすごいことだなと思う。

しかし僕は、自分の主張のため、幸せな暮らしを捨てるなんてできないと思いましたね、逆に。だから、ル・コルビュジエとは違った生き方になるだろうなと。偉くなくていいから、夫婦とか家族とか、そこに安定した暮らしを僕は持ちたい、と思いましてね。気持ちが豊かでないと、いい仕事もできないと、僕は思っていましたから。自分の家が安定しているから、世の中に役立てるような手を打とうという気にもなるわけです。まあ、あまり理屈ぽく、窮屈には考えなかったですけども。

やはり、自分の暮らしをつくるために、世の中と不必要なやりとりをたくさんやっていると、いつの間にか流されてしまう。ですから結婚から始まる新しい生活は、自分の哲学で暮らしていこうと思ったんです。それが、冠婚葬祭は一切出ない。世俗的なつきあいも一切しない、ということでした。

英子さんも一トン爆弾爆発を経験し、人まかせにした暮らしでは、決して自分の暮らしはよくなっていかない。知らない間に、どこかに連れて行かれそうだという危機感を持っていたのでしょう。だから僕の考え方に、英子さんも寄り添える部分があったんじゃないですかねえ。

りっぱな肩書きを手にする、大きな財産を手にする、
そういうことがなくても、人は幸せになれると思っていた。

＊ル・コルビュジエ　一八八七―一九六五　スイス生まれ。「近代建築の三大巨匠」といわれ、フランスで活躍した建築家。

お金が底をついたら頭を切り替えて

——英子

私は家計簿というものを、一度もつけたことがないくらいのドンブリ勘定。いえ、正確に言えば、結婚してひと月目は家計簿を試したんですよ。ところが、いただいたお給料を用途別に袋分けしょうとやってみると、もらった時点ですでにお金が足りないの。お見合いをしたときの話では、建築事務所での月給は二万八〇〇〇円。それが結婚して突然、日本住宅公団に移り一万四〇〇〇円に。半分になった給料から毎月五〇〇〇円の家賃をお義母さんに、手元に残った九〇〇〇円では、どうやりくりをしても足りず……という状態で、つける気力も失せてしまったんですよ。

それでも最初の頃は、半田から持ってきたお金があったので、それを使ったり、彼の美術書を渋谷の道玄坂の古本屋に売ってなんとかしのいで。でも、しばらくするとまた足りなくなる。こんどはお義母さんに頼んで、私の着物や宝石を処分してもらいました。やがて、子どもが生まれるとミルク代にも困るようになって、質屋通いもするようになりましてね。

いまだに、あのときの心境を覚えていますけど、初めての質屋に行く前の晩は、緊張してとても眠れなかったの。彼はモーレツに働いていましたから近寄りがたくて、お金の相談なんかとんでもないという感じで、私はいつも一人で悩んで。それで、もうしょうがないと質屋の大きな門を、子どもの手を引きながらくぐりました。

ドキドキしていると、お店の人は慣れたもので「じゃ、こうしましょう」と。事務的な対応にすっかり私も安心してしまって、帰りには気も大きくなって、彼の好きなビフテキ用のお肉を買って帰宅したんですけども。質屋に入れたものは、お給料が入ると出して、家計が苦しくなるとまた入れての繰り返し。それでいつの間にか「困ったら、また、質屋に行けばいいわ」というくらいになっていましたよ。

物が無くなってしまっても、さびしいなんていう気持ちはぜんぜんなくて、それよりも何か力になるものを食べなきゃと思っていました。

私は体が弱かったですから、結婚をしたときに生命保険なんかに、いろいろ入ったんです。結婚するときに持っていったお金がありましたから、そこから払って。でも、毎月の赤字を埋めるために、そのお金を使っていたら底をついてしまい、保険代の支払いもままならず、ひとつずつ解約して、しまいには全部やめてしまったんですよ。

そのときから「前向きでいくよりしょうがない！」と、考えを切り替えたんです。追われる立場だと弱いけど、自分が追っていく立場なら強くなれるはずだって。気持ちが後ろ向きにならないようにと、自分を奮い立たせたんですよね。

うちはいまだに「お金がないから、絶対に病気にならない！」と思って暮らしているんですよ。フフッ。私は守るとダメなの、安心しちゃって。案外、その緊張した毎日が、いいんじゃないかしらと思っているんですよ。

男の人には、おもちゃが必要 ―― 英子

「男は一流のものを着せて、一流のものを食べさせれば、品格が出る」というのが半田の実家、榊原家の教えでしたから、最初のお給料でまず、スーツをつくりました。お金がなくても、それは絶対に必要なものだから無理をしてでも。外に行く人は、ちゃんとしないといけない、と思っていましたから、次は靴、次は時計と、ひとつずつ揃えていきました。「安ものは買っちゃいけない、いいものを買いなさい」と教えられていたので、いただくお給料以上のものを。

「お金のことを先に考えちゃいけない。お金は後からついてくる」これも、実家、榊原家の教えだったんです。商売をしていたからでしょうね、とにかくうちでは、お金にまつわる教えがいっぱいありましたよ。

「お金持ちだね、英ちゃんのところは」と周りから言われ続けていましたが、私はお金なんか一度も見たことがないし、どこにそんなお金があるんだろうって思っていて。ご飯はいつも麦ご飯だったし、着る服も数枚ほどで、贅沢な暮しをしていたわけでもないの。質素でしたよ。

初めて自分のお財布を持ったのは、女学校になってから。「何と何が入りますから」と父に言うと、そのお金を封筒に入れて渡してくれて。そのときだけしかお金を持ちませんから、外で何かを買って食べたなんてこともまるでなかったし。

よく父が言っていました。「お金は気持ちをダメにするから、持たなくていい」って。そうやって育ちましたから、いまだに「お金は汚いもの」というイメージが先走りするんですよ。だからお金に執着しないのかもしれませんね。ないと困るものだけど。

むかしの酒屋さんというのは、儲けというものは、そんなになかったようですよ。儲かれば、社会的にみんなに還元する。お祭りというと、お寿司やお菓子を用意してみんなに気前よく配るというふうでしたものね。

お金って不思議ですよ、貯めれば貯めるほど、貯めたくなる。うちはお金があったためしがないので、なくても平気でいられるのはそのせいでしょうね。

保険なし、証券なし、貯金なしなんて、ほめられた話じゃないんですが。この歳で何かあったらどうするのっていうことですものね。これからの老後の資金を、年金から捻出しなきゃと思っているんですよ。でもあいかわらず、必要なものを分割で買っていますから、毎月何かしらの支払いがあって。もうすぐ、六〇回払いのテレビの支払いが終わるので、次はお父さんの冬用の下着を買おうと思って予定をたてているところなんですよ。ひとつの支払いが終わると、また、次の買い物をするので、支払いは延々と続いていくわけですけども。

ヨットで始まって、修一さんのおもちゃは死ぬまで要りますからね。次から次へとお金のことを考えず、いろんなことを自由奔放、やりたい放題でしょ。結婚してわかりました。「男の人には、おもちゃが必要なんだなあ」と。絶対必要なのね、生きるために。ヨットは高いおもちゃでしたけど、無駄づかいではなかったと思いますよ。ヨットの上で、いろんなことを考えたでしょうから。

で、彼が本を書けば、少しは原稿料がもらえますから、「家計が助かる！」と喜びましたけど、その原稿料で彼は自分の本をたくさん買って、みなさんに送るので、あらたに郵送代とかが必要になって、見えないお金がさらにかかるんですよ。結局、入るお金以上に、出ていくお金のほうが多かったりして。やることが大きいでしょ、彼の場合。こんなですから、やっぱり貯まらない。いまだ、やりたいことが彼の中にはいっぱい。年金で静かに、という感じじゃないですよ。

外からみれば、こうやって畑をやりながら暮らしているので、悠々自適、資産や貯金もたくさん持っているように思われるようですけれどもね。うちは畑があるおかげで、どうにか食べてこれたんですよ。「娘たちからはお金もないのに、よく平気でいられるわね」って呆れられていますよ。

《修一のひとりごと》お金の管理はすべて英子さんにおまかせでしたから、僕は自由に何でもできたんですね。でも、彼女は、物の値段にあまり動じないですね。年収以上のヨットを買ってくれたりするわけですからねえ。普通なら、ほかのものとのつりあいを考えてとか、言うでしょ。それは絶対言わない。そういうところが面白いですね。だからずいぶん、緊張して暮らしてきたんでしょうねえ。

言葉で伝わることを信じない　ヨットのこと

——修一

僕と船のつきあいは、昭和一九年、浜中海兵団に入って、カッター（大型ボート）帆走に始まります。当時、一二人乗りのカッターで、浜名湖で訓練を受けていました。全長が約九メートルですから大きいですよ。舘山寺という観光地があって、そこまで漕いでよく往復しました。その年の暮れに海軍工廠に赴任し、翌年、厚木基地で終戦をむかえ、東大に再入学してヨット部へ。大学では丹下先生*の講義を受けた以外、特に尊敬する先生方には出会えませんでしたから、勉強そっちのけでヨットにどんどんのめり込んでいきました。大学を出てレーモンド事務所に就職し、住宅公団に移ってからもヨット三昧の日々は続いて、自分でもヨットを自作していました。

なにしろ僕は、羽田沖、長井沖、大島沖……と六回もの遭難にあいながら、こうして生き残っていますから、生命力が相当強いんですよ。考えてみるとね、ずいぶんあぶないことをやっています。なかでも一番印象に残っているのは、名古屋から東京へ向かった航海。名古屋の住宅公団に移ってから、ヨット部の若いグループのクルーザーをつくることになって、仕事が終わった後、毎日のように造船所通いをしていたんです。

それで、やっと完成して進水させたのがクリスマスの翌日。東京へ向けて出港したまではよかったんですが、途中から北西の風がものすごい。操作が大変なうえに、舵と舵棒をつないでいる金具が割れてしまって航行が不能に。それでもやっとの思いで明け方、

＊丹下健三　一九一三—二〇〇五　大阪生まれ。建築家、都市計画家。日本人建築家として最も早く日本国外でも活躍し、評価された。作品に東京オリンピック国立総合競技場ほか。

港にたどり着きましてね。そんなことを何度も経験して、何か運の強い神様に守られているような気がしますよ。

二人の娘たちをヨットに乗せ始めたのは、小学校に上がってからです。水泳教室に通わせて、日曜日の午前中の教室が終わると、赤だしのお味噌汁を食べて、手づくりした小さなセールバックを背負い、英子さんと港にやってくる。それでヨットに乗せました。

子育て中、僕はとくに何もしなかったです。週末、ヨットの上で一緒に時間を過ごしたくらいなもので。会話もあまりしなかった。言葉で通じることに、あまりこだわりませんでした。

シェークスピアの名言集に「どんな荒れ狂う嵐の日にも時間はたつのだ」というセリフがありますけど、とにかく何があっても、自分自身を見放さず、その間は支えなさいということですよね。支えるということが大事だということを。海の状態はいつもいいとは限らず、ときには悪条件のときもあります。そんな思わぬ状態に遭遇し、子どもたちもずいぶん覚えたんでしょうね。

それと、若いクルーがヨットに一緒に同乗してくれていましたから、子どもたちはちやほやされ、いい気分になっていたこともあるでしょう。人間って、みんなおせじが好きだし、そういう温かい環境も必要なんですね。そんなことも、よかったんだと思います。言葉で伝えられることって、実は多くはないんですよ。だから言葉以外に伝えられる関係と、環境をつくってあげられたことはよかったですね。

帰るのを楽しみに出かけて行ったヨット

――英子

結婚をして、まず修一さんから言われたことは「君と結婚するずっと前から、ヨットは友だちなんだ」と。この結婚へ至ったきっかけは、うちの酒蔵に泊まって大学のヨットレースに出たくらいですから、ヨット好きは承知の上。彼が週末海へと出かけている間は、私は家で一人になって好きなことができるので、「どうぞ」と、むしろルンルンだったくらいで。ところが、そのヨットが家計への負担になってくると大変でしたよ。子どものミルク代に困っていても、一人でヨットでしょ。私は質屋通いをしたりして、お金の工面をして。そして七〇万円もするクルーザーを持ちたいと言われたときには、さすがに驚いてしまって。年収以上の買い物で、貯金があるわけでもないのに……。原宿に住むお義母さんに相談をしてお金を貸してもらい、毎月二万円、ボーナス期には一〇万円を返すことにしましたけども。

最初は大変と思いましたけど、でも、慣れてしまえば何てことはなかったんですよ。彼の銀行口座から自動的に天引きしてもらって、もう、それだけしかお金が入らないと思えば、その中でやりくりを考えるようになりますから。まあなければ、ないなりにね。「結婚したら旦那さまを第一に考えれば、まわりまわってよくなる」と、実家でそう教えられてきましたから、ヨットも、ごくあたりまえのことと受けとめて。嫌だけれども仕方がないし。それで「お金は貯められないもの」と、楽天的に考えることにして。お金はなかったけど、白いピアノのように、ピカピカに磨きあげられたヨットに乗っているんだから、お金をたくさん持っていると、まわりの人は思っていたんでしょうけども。そのかわり彼は、夜、飲みに行くことはしませんでしたから。

家族で遊園地や旅行へ行ったこともなかったですよ。唯一、夏には家族揃って一週間のクルージングに出かけるのが恒例で。優雅なようですけど、そのための食事の準備は大変でしたね。野菜、果物、お肉、ビールを揃え、それを船まで運んでいくのはひと苦労。うちは自家用車を持っていませんでしたから、家族全員で両手いっぱいの荷物を抱えて運びました。

家族のほかに若いクルーの人にも来ていただいて、朝早くに出帆するんですけど、私の一日目はいつも船酔いで終わり、二日目になるとそろそろ慣れて。それで現地でお魚を調達して、お造り、潮汁、塩焼きなんかをつくるんです。新鮮な魚介類をみんながおいしそうに食べているのを見ていると、楽しい気持ちになって、来てよかったと思って。

夏のボーナスは家族と友だちのクルージングでほとんどなくなり、冬のボーナスはヨットのドック代に消えていきました。それ以外で、何かにボーナスを使うなんてことはなかったですよ。とにかくヨットにお金がかかっていたから。高価な品物でしたけど、それ以上のものを家族にもたらしてくれたと思います。いまとなっては、楽しい思い出ばかり。そのときはイヤだなあと思っていましたけれどもね。ヨットに乗っているときは、春一番がいつも吹いていましたけど、いまはそんな心配ごともなく、小春日和の穏やかな日が続いて平和ですね。

車よりヨットを選んだ——修一

名古屋へ移り住むようになって、東京から持ってきた小さなヨットは知多半島の鬼崎漁港に停泊させておきました。それを処分して、クルーザーをつくりたいと英子さんに言ったんですよ。年収をはるかに上回る金額でしたが、英子さんは何も言わず、お金の工面をしてくれました。公団の人たちは、僕が新しいヨットをつくったことを知って、奥さんのお里の山をひとつ売ってきたんだなぁーと、思っていたんだと思いますよ。サラリーマンの月給じゃ買えるわけがないと。

高度成長期で自家用車を持つことがステータスな時代でしたが、僕は海の上を自由に走れるヨットを選びました。人と同じものを持ちたくないという気持ちもあったんでしょうね。

そのクルーザーですけど、ヒノキの二重張りにし、フレームにはサクラを使いました。だから高額になってしまったというのはありますね。ヒノキは強度が高くて腐敗しないし、湿気に強くて、木目も美しいという優良材なんです。海上保安庁の観測船も、当時はヒノキの二重張りでした。それが八〇年代を境に木造船からプラスチックへと変わっていって、職人さんもほとんどいなくなってしまいました。木のくせを読みながら、どういうふうに木を使えば、丈夫な船ができるかとか、そういうことを職人さんは当然のようにやっていたんですが、技術が伝承されることなく、途切れてしまったわけですね。

英国はいまだに木造船の造船所も残っているんですよ。日本はなくすとなると一気になくなっちゃうでしょ。これが好きだと言ってこだわり続ける人がいてくれると、職人も生き残れるのに。イチロー選手が、木のバットをずっと使い続けていますね。ああいうアスリートと職人の関係みたいにね。

日本の海軍は、英国をモデルにしてつくられましたから、デッキも真っ白に塗っていたんです。それにならって僕のヨットも真っ白に。木以外の素材は使わないように、滑車も木でつくってもらって。だから、ロープを伸ばしたり縮めたりする調整のときには、とてもいい音がしていましたよ。

その後、僕は地域公団創設の手伝いで二年間を東京で暮らし、広島大学教授として広島へ赴任という生活を送るようになって、ヨットとはだんだん疎遠になっていきました。娘たちも高校生になると家族で乗る機会も減り、ヨットハーバーに係留したまま。「自分で乗れないなら、職人さんたちに差しあげたら」と英子さんから提案されたときは、気前のいい人だなぁと思いましたけれども。維持費なんかもかかりますからね、それで寄贈書を書き上げながら手放す決心をしたんですよ。

男の身勝手で、経済的にも精神的にも、英子さんには心配ばかりかけていましたから、「年収を上回るヨットを何度も買ってもらい、ご迷惑をおかけしたね」と言いましたら、「ご迷惑も、なにも。一〇年同じことをやって、それで楽しい思い出が娘たちにも伝わったからよかったわね」と。こんな言葉を返されて、僕はほっとしましたよ。

気にいったものはとことんまで

——修一

うちはお金はなかったですけど、英子さんの見事なやりくりで、洋服や靴、時計、身に付けるものは上等なものを揃えてくれましたからね。どちらかといえば、僕は着るものに無頓着なほうだったかもしれませんね。ルパシカを着て、下駄でレーモンド事務所に行ったら「そんな格好で！」と怒られてしまったくらいですから。結婚を機に、僕は変わっていったんでしょうねぇ。テーラー仕立てのスーツを着るようになったし、彼女が自分のために選んだというトルコブルーのマフラーや、黄色のバッグを「いいなあ、これ」と言って借りたら、おしゃれが楽しくなりましたから。どちらも、ちょっと目立つ色で、先輩だった前川さんからも「津端、いいマフラーをしているな」と言われて、なんだか僕はいい気になって長いこと愛用していました。

これはね、現役時代につくってきた僕のスーツの記録です。×印がしてあるのは着られなくなったもの、それ以外はまだ着られる。注文表も残していますから値段もわかりますよ。これは一八万円、こっちは三〇万円。安月給だったけど、値段に関係なく、彼女はよくもつくってくれました。いまも気にいっている上着があるんですよ。ホームスパンで仕立ててあってね、とてもモダンで。何年経っても型崩れしないのは、職人さんの腕がいい証拠なんでしょうね。僕は夜飲みに行くことがなかったし、年中ヨットに乗っていましたから、ずっと同じ体型が維持できた。だからいまだに昔のスーツも着られるんですよ。買うときは高額でも、いいものを一〇年、二〇年使ったら、ぜんぜんもったいなくない。英子さんはテーブルクロスやシーツなんかも高価なものを購入しますけど、「大事に何十年も使うから、結局は安上がりなのよ」と。ほんとそうですね。

セーターも、五〇年ちかく着ているものもあってね。アイルランドの羊毛で編まれたもので、ヨットに乗るときはこれを。海水をかぶったりして酷使していますが、いまだに現役。温かいですよ。普段、うちでは黒のカシミヤのセーターを着ていて、これもずいぶん長いこと愛用しています。穴があき、英子さんがそれを繕ってくれるんですけど、この前、うちにいらした方が「いい模様のセーターを着ていますね」と言われて見たら、刺子に縫ったところでした。あちこちだから模様みたいに見えたんでしょうね。セーターも、ここまで着込むと楽しいですよ。愛着も生まれて。「物語に長《た》けたものだけが世界を制する」とインデアンが言っていますけど、納得ですね。

靴も昭和三五年から同じ型のものを、ずっと履き続けているんですよ。池田さんという靴職人がつくってくれていたんですが。片足一キロの重さがある、だから履いたときは「重い！」という印象で。でも履いているうちにその重さが心地よくて、足にどんどん馴染んでいきましてね。あの、人間の体でいちばん左右不揃いなのが足なんですって。ですから自分の足の形にあった靴を一度履いてしまうと、ほかの靴が履けなくなってしまうのは、そういうわけですよ。だから毎年オーダーをしてきました。よく、靴は軽いほうが履きやすいと言いますけど、僕はずっとこれしか履かなかったから、足が鍛えられてよかったんじゃないのかなと思いますね。

姑が大好きだったフェイジョアの実
——英子

フェイジョアって知っていますか？　大きさはキウイほどで、緑色の果物なの。南フランスや地中海の辺りで採れるものらしく、とってもいい香りがするんですよ。紀ノ国屋では高級果物として棚の上段のほうに置いてあると聞きましたけど、これは修一さんのお母さんが好きだったんですよね。

いまから三〇年以上前に、「レモンとパイナップルのミックスした味」という苗木のカタログに書いてあったコピーに魅かれて、二本取り寄せました。銀杏は雄と雌の木がないと実がつかないでしょ、このフェイジョワもそれぞれの木が必要ということで。でもなぜだか、毎年どちらのも実をつけますね。梅雨の頃、白く小さな花が咲いて実が熟すのは一〇月頃。熟すと自然と木からポトポトと落ちて、その実を居間に置いておくと部屋中に甘い香りが広がって、それはもうなんともいえませんよ。ちょっと異国的というか。

木を植えてだいぶ経ちますから、枝もずいぶん伸びて、道路の方にも実を落とすようになって。すると修一さんが、「どうぞ、ご自由にお持ちください」と書いた木のパネルを、垣根の目立つ場所に掛けておくんです。あまり見慣れない果物ですから、食べ方を説明したイラストも一緒に。もう毎年のことなので、近所ではこの果実の存在もすっかり有名になりましたけども。

たくさん実をつけて、食べきれないときは、かごに入れて外にも置いておくの。すると「ジャムにして食べました」なんていうお礼のメッセージが入っていたり、「たくさんいただきました」と玄関先にいらっしゃる方もいるの。物を差しあげると、気をつかってお返しなんかしてくることがあるでしょ、じつはあれが苦手で。だから、こういうおつきあいは気持ちがいいですよね。いちばんいいのは、通りがかりの知らない人が、ただ持っていってくれるのがいい。

このフェイジョアができると、東京に住むお義母さんのところに、よく持参したもんです。珍しさもあって、「おいしい」と、いつも喜んでくれましてね。広島大学に赴任中の頃で、広島から新幹線で、一人暮らしをしているお義母さんに会うために、二人で上京していたんですよ。

私がお義母さんと一緒に暮らしたのは、結婚して初めの三年と、広島へ行く前、地域公団への転任が決まって東京のマンションで同居した二年間だけでした。結婚当初の頃は、私はお義母さんを嘆かせるばかりで。というのは、私はねえやまかせで育って、いわゆる、気のつく嫁でもありませんでしたから。

何をやっても、「子どものお使いねぇ」と。ほんと、それくらい何にもできなかったの。銀行にも行ったことがなかったし。で、私は「はい、今後は気をつけます」と。目上の人で、姑に従うのは当然のことだと思っていたので、嫌な気持ちになることもなかったですよ。よく、世間で嫁姑のいざこざが起こりますけど、どうしてだろうって思う。嫁が下手に出ていれば、それですむことだから。お義母さんは、はっきりと口に出す人でしたけど、お腹にもつ人ではなかったですよ。それどころか、困ったことは、なんでも私はお義母さんに相談をして。ヨットを買うときは、お金を貸してもらったり。だから、ありがたかったですよね。

この高蔵寺の土地をお義母さんから譲り受けたのは、ヴィラ（有料老人ホーム）に入る五年前のことで。もともとは将来、息子夫婦と一緒に住むことを考えて、候補地は私たちが捜し、お義母さんが購入したものなんです。私たちが住む岩成台の公団に一年間、お義母さんが実験的に暮らしてみようと東京から移って。でも、ずっと都会暮らしでしたから、ここでの環境にはなじめず、「やっぱり原宿がいいわ」と戻られてしまって。それで「高蔵寺の土地を生前贈与したい」と相談されて、ありがたく頂戴することにしたんです。娘たちと四人で均等に相続し、引き継いだ土地の手入れをしながら、畑や雑木林などをつくっていき、フェイジョアの苗木もその頃に植えて。

それからは譲り受けたこの土地と環境をよりよくしようと、畑の土づくりは、いっそう力が入りましたよね。お義母さんから「昔は爪に火を灯して暮らしたのよ…」というような苦労話も、私は聞いていましたから。だから、お義母さんからもらったものは、次の世代に必ず渡さないといけないという思いが強いんですよ。

落ち葉をたくさん入れて、少しずつ土が豊かになっていき、いまでは、ほんとにいろいろなものが育つようになりました。この土地のおかげで、私たちの老後はこんなに健康で、豊かに暮らすことができるんですから、お義母さんには感謝しても、しきれないですね。

ところでこのフェイジョアの実の食べ方ですが、うちでは縦半分に切って、まず、真中をスプーンでひとすくいしてから、甘口のリキュールをたらし、果肉と一緒に食べるんです。最初、レモンの酸っぱさを感じるかもしれませんが、慣れると爽やかですよ。

それとうちでは、フェイジョアの皮をむいて、氷砂糖と一緒に焼酎に漬け込むの。ちょうど梅酒を漬けるようにね。フェイジョアを食べるときにたらす甘口のリキュールというのは、これです。漬けておいて、年数が経つほど味がまるくなって、香りもふくよかになります。一〇年も寝かせると琥珀色になって、高級ブランデーのようですよ。たまたまフランスの農業高校の先生をしていらっしゃる方がうちへいらしたとき、「お酒に漬けて楽しむといいですよ」と聞いて以来、毎年漬け込むようになったの。暑い日、畑仕事の合い間、冷たい水で割って飲むとおいしいんですよ。

《修一のひとりごと》僕のおふくろは、冬でも家の中では足袋をはかず、死ぬまで背筋をピンとさせていました。とにかく曲がったことが大嫌い。世の中の不正とかそういうことにはものすごい潔癖でね、沢村貞子さんみたいに、はっきりとものを言う、明治の女でしたね。御用聞きの人から「おばさん」なんて呼ばれて、「あなたに、おばさんなんて言われる筋合いはない!」なんて怒っていましたからねえ。そんなおふくろの楽しみのひとつだったのは、英子さんの近況報告の手紙。いろんなことが、ごちゃごちゃ書いてあるから読むのが楽しいって。昼寝の前に、いつも読んでいたみたいですよ。

「男の身勝手」を通した親父のこと ――修一

僕の人生は英子さんと結婚して、二人でつくってきたものです。だから僕の親のことは、子どもにも話をしたことはないです、じつはね。

男の身勝手で、僕は好きなことをやってきましたけど、親父も好きなことをしていた人でした。だから貧乏暮らしだったですよ。

その親父は学歴もない人間でしたけど、たった一人で出版社をやっていたんです。会社の名前がね〈イソラ・ベラ＝美しい島〉というイタリア語をつけてね。その頃の日本は海運国で、船を中心に外国と取引をしていた時代でしたから、親父は船の年間の輸出と輸入の記録を載せた『海運年鑑』という本を毎年出して、日本郵船とかいろんな船会社に買ってもらっていました。

僕はその本を持って、よく丸の内あたりの船会社の集金に出かけたもんです。ヨットに乗らない、海運とも関係のない親父がどうしてそんなものをやっていたのか、わからないんですけども。なにか、海に対する憧れのようなものをもっていたんですかねえ。その血が僕に入っちゃったのか、とにかく大学生の頃から、家庭をもってからもずっと、ヨットに夢中になっていましたから。

当時住んでいた中野の借家には広い庭があって、そこに一〇坪くらいの工場を建て、輪転機なんかも据えて、全部そこで刷っていました。文字は活字でしたから、鉛でできた活字の一字一字を拾って箱に入れて、それを製版して。そのときだけ職人さんを雇っていました。僕もよく手伝っていたので、その名残りで僕の左の親指はつぶれたままです。右の親指と比べてみると、形がぜんぜん違ってしまって。体が変わるくらい仕事をやったんですよ。だからね、体を動かさずにお金をもうけている人間が、僕は大嫌いなんですよ。楽して儲けようなんていうのは論外。

作家の幸田文さんは自分の体を傷つけて、自分の文章を書いた人です。書くために体を張って富士山にも登ったし、南極にも行った。体を動かさないで書いた文章がほめられたって、そんなものは軽蔑するって。同感ですね。

親父は身勝手でしたけど、とにかく一生懸命やる人で。自分の足で調べて原稿を書いて、印刷をして、売るところまで全部一人でやっていましたからね。なんだか、そういうことを考えると、僕も原稿を書いて、リコピーしてみなさんに、意見なり情報なりを発信しているでしょ、あーこれも、親父から血を引き継いでいるのかなあと思いますね。

《英子のひとりごと》修一さんのお父さんも一生、自分の好きなことをやった人で、そういう意味では修一さんもすごく繋がっている。やることもね、二人は似ていますよ。カードもつくっていたみたいだし、いろいろとね。

そうじの手ほどきは父から　――英子

私に掃除の手ほどきをしてくれたのは父だったんです。酒屋の当主を長男に譲って、里山の隠居家に父と母、私と弟、ねえやで新しい生活を始めたんですが、その三ヵ月後に母が病気で亡くなって、そこから父との関係も一変しましたよね。

それまでの父は、四六時中忙しく働いていた母とは対照的な人で、怖いというよりも、口数少なく穏やか、いつも帳場で背筋を伸ばして正座している、というくらいの印象でしかなかったの。話をすることもなかったし。それが母が死んでからは、父との距離がぐっと縮まりましたよ。

そのとき父は六〇歳の手前くらいで、名古屋の酒造組合の理事になり、朝、家を出て夕方に帰るというサラリーマンのような生活に変わっていたの。帰って来て、ねえやが夕飯の支度をしている間、食事まで時間があると、父は、私と弟を誘って散歩へ出かけたりして、たんぼや綿花畑、小川が流れているような長閑な風景を眺めながら、三人並んでよく歩きました。

ねえやの休日は日曜日でしたから、朝食を食べ終わると、三人で掃除をするようになって。私も弟も、家の掃除をちゃんと手伝ったことはありませんでしたから、父から一つ一つ、丁寧にやり方を教えてもらったの。「バケツの水は半分まで。たくさん入れると、雑巾を入れたときに水がはねて床がシミになる」とか「畳のへりは踏んじゃいけない」、ほかに、はたきのかけ方、畳の掃き方、おからを使って廊下を拭くやり方、箪笥《たんす》の水拭き、とにかくいろいろなことを。露伴（幸田）が娘の文に掃除の手ほどきをしたように、私も父から教わって。何もできない父だと思っていましたけど、祖父から父も厳しく躾けられたんでしょうね。

それで掃除が終わると、父が茶室で必ずお抹茶をたててくれました。私は小学校三年からお茶とお花を習っていましたから、ひと通りのことはわかっているつもりでしたけど、父はお道具のしまい方まで教えてくれて。お抹茶の茶碗は壊れやすいから、木でつくった椀流しの中に刺子の晒しの布を敷いてから洗うようにしなさいとか、そんな細いことまで。

私は女学校を卒業すると、名古屋の金城学園専門部に進みました。半田から汽車で通うことになって、学校が終わると、酒造組合で働く父の所へ行き、仕事が終わるのを待って一緒に帰って来るんです。その帰りの汽車で、父は思い出話なんかをよく語って聞かせてくれました。小さいときのことや、酒屋を継ぐようになった経緯とか。なんでも祖父が事業の手をあまり広げすぎて、造り酒屋の経営が立ちいかなくなり、慶応の学生だった父が呼び戻され、急きょ、酒屋を継ぐことになったと。立て直すまでには相当苦労したらしくて、そんなこともいろいろ。その父も、母が死んだ四年後には肝臓がんで亡くなりました。だから、父と暮らした一四から一八歳までの四年間は、とても貴重な時間を送ることができて、よかったなあと思いますね。

二人三脚で、だけど口出しはしない ——英子

結婚をするまで、サラリーマンってみんな一緒だと思っていましたけど、彼は特別。あまりにも人と違っていましたから。いわゆる組織の中を順調にのぼりつめていくタイプではなかったんです。公団も扱いかねたんでしょうね。新しい組織をつくって、軌道に乗せるプロモーターでしたから。それで、お金儲けの企画に加担することは本人のプライドが許さなくて、「僕の出番ではありません」と、ピシリッと断りますから。

日本住宅公団から広島大学に移り、六〇歳で任意退職してからは、名古屋の名城大学に勤めました。これで私大を七二歳で定年退職をするまでには、少しは老後の蓄えができるかなあと考えていたんですよ。ところがその二年後に「大学を辞めて、フリーになるから」と。

突然のことに、言葉を失ってしまいましたよ。……これからどうしよう。蓄えはないし、病気になったら…、お母さんの世話は…、フリーになって何をやるんだろう…、と心配事ばかりが押し寄せてきて。ショックで、一睡もできないままでした。

「オチンチンもって生まれたら、とにかくやりたいことをやって、一生終わったほうがいい」「男なら、自由奔放にやらせたほうがいい」と、半田の実家でみんなが言っていたことを、ふと思い出しましてね。で、いつの間にか、やってみればいいわと私も割りきれて。「やれるもんなら、やってみなさい」っていう感じですよ、どちらかと言うと。

下手に女がガタガタ言うのはよくない、と私は思うんです。ほうっておけば、男は自分でやるんですよ。案外足を引っ張っている女の人が多いんじゃないかと思うんですよ。修一さんのお友だちでも、能力があってもっと力が出せるはずなのにという人がいましたけど、奥さんの口出しが多かったんです。

どちらかといえば、女の人は、支える能力のほうが大きいと思うんです。そこのバランスをよく考えて見守ってやれば、男の人はもっといっぱい力が出せるんじゃないかなって思います。いまの女の人はわりに「自分が」という人が多いでしょ。すると、男の人のほうが神経質で弱いから、負けちゃう。たとえ能力のある人でも、しぼんでいっちゃう。

修一さんの場合は、何でも自分で決めていきましたから。それで、自分がやりたいようにやることで力を発揮して、これまでよくなってきたと思うんです。いまだに修一さんが何を考えているか、わからない。いまもあっと驚くようなことをするし。でも、能力がある人だと思うから、何も口出しはしません。たとえ、ここまで出かかっていてもね。

《修一のつぶやき》組織のトップになったり、大学の名誉教授になるとか、そういうコースもあったのかもしれませんけども、僕はそういうことに興味がなかった人間です。男の身勝手を許し、それを評価してくれる人が奥さんでよかったですね。英子さんに育てられたんじゃないかとも思いますよ。

夫婦の間に隙間をつくる

――修一

夫婦の関係は壊れやすいものと言いますけれど、だからこそコミュニケーションの技術なんかはすごく大事なことだと思うんですよ。僕はこれまで、いろいろなコミュニケーションのとり方を考えてきたんです。その気がなくても、口で言うと角が立ち、トラブルの原因になることもありますからね。

たとえば、うちで精米を一五分以上続けるとヒューズがとんじゃうので、〈精米中。忘れないで!〉という木製パネルをつくって置いておくんです。それを見て「あっ、忘れないようにしなくちゃ」と思うでしょ。お風呂もつけっぱなしだとオーバーフローしちゃうから、〈お風呂、忘れないで!〉というパネルを用意して。ほかに〈洗濯、忘れないで!〉とかね。相手とコミュニケーションをとるには、おしゃべりをたくさんすればいいと言うけれど、言葉のやりとりですませないほうが、いいことだってありますよ。言う方も、言われる方も、嫌な思いをしなくてすむでしょ。この木製パネルなんかは、そっと注意を促す、心遣いの道具として役立っていると思うんですよ。

ほかにも言葉を交わさずに、お互いに気持ちが通じる工夫を、いろいろと考えていて。これは、キッチンガーデンで作業をするとき用のものなんですが、英子さんが畑の荒起こしをしてほしいときは、〈修一さん　お願い!〉という旗を、その区画に立ててもらうようにしています。

すると僕がこの旗を見て、ここかと作業するでしょ。終わると〈英子さん　ＯＫ！〉の旗を立てておくわけです。これがね、もし、朝起きて「あそこをやって」なんて彼女に言われたら、カチン！　ときますよ。で、「うるさいなあー」ってことになる。たとえ相手に、悪気があって言っていることでないと、わかっていてもね。それが自分のペースで、時間があるとき、キッチンガーデンに出て〈修一さん　お願い！〉の旗が立っていたら、「ああ、あそこを耕やしてほしいんだ」と素直に受けとれて、スッと作業に入れるんです。

あとね、会話をしていてすぐに返事を求めるんじゃなくて、ゆとりがあったほうが、うまくいくんですよ。長年連れ添った夫婦といえども、二人の間にちょっとの隙間ができるくらいの距離をあけてね。僕らもだんだんしゃべらなくなって、阿吽の呼吸になってきてはいますが、いい関係でいるには、やはり、気づかいは必要なことだと思いますよ、年をとってもね。

《英子のひとりごと》　半田は漁師町で言葉が荒々しいんですね。結婚するまで気にもとめなかった半田言葉でしたけど、彼はデリケートだから私のポンポン言う言葉が、よけい気になるんだと思うんです。だから言葉でヘマをしないようにと、ずっと緊張しながら生活してきました。いまだに「しまった！」と思うときがあったりするし。ゆったりしていると緊張に欠けますから、そういうときこそ気を引き締めるの。気まずい思いになるのはイヤですから、なるべく波風が立たないようにと思って。

記録は宝物であり、財産である

――修一

いくつになっても、自分のことは自分で、「依りかからず」に生きていたいね、と、英子さんと話をしているんです。それでもこの頃は、お互い、ひとりになったらどうしようかなって、考えますよ。いままでは気にせずに生きてきましたけど、残された時間は少なくなってきましたから。それにはやっぱり記録が必要ですね。記録を共有して、財産として持つ。

うちは紀ノ国屋から二ヵ月おきに食材を買って、そのレシートもノートに貼っているんです。三月、四月はお客さまが多かったから、注文するお肉の量も多かった…とか。こうして記録として残しておけば、何を購入して、どんな料理をつくったのかが、だいたいわかります。

ほかに給料明細、オーダーでつくった靴やスーツ、松本民芸家具を揃えていった日付と領収書、娘や孫に贈ったクリスマスや誕生日のプレゼントリストなんかの記録も残しています。英子さんがマフラーや靴下の贈り物をしたときも、イラストや写真入りのカードをつくって、いただいたお礼状とともにファイルに保管しています。大切な宝物ものですから、こうやって整理してあれば、折りにふれ、いつでも見られて簡単に記録をなぞれる。老いていくほど、とても大事になっていくと思うんですよ、こういうことが。

いまから一〇年前、一年間の食事の記録をつけてみたことがありました。二人とも雑草のように元気で、病気知らずでしょ。それで、どうしてそんなに健康なのかと、人からよく質問をされまして。「顔色は、一〇年前に食べたものの現れよ」と英子さんが、よく言っていましたから、それじゃあ、一日三食、三六五日の記録を描いてみようかと。

これを見ると、当時、何を食べていたかがわかります。基本的には、いまとほぼ変わらない。英子さんが栄養の偏りがないようにと、考えてくれていますから。僕は食べないものが多いですから、彼女が工夫をしてくれて、いろいろな料理をつくっているのもわかります。お客さまがみえたときは、おもてなしのメニューをイラストに描いて、別にファイリングしておきます。記憶を再現するには、食べ物のスケッチは一番、効果的なんですよ。

楽しい思い出のストックは、子どもや孫へも伝えていかないとね。そうすることで、子どもたちが困難にあったとき、支えられると思うんです。困難は人を強くするかもしれませんが、心の拠り所になるのは、やはり、楽しい思い出なんですよ。苦しいときに耐えたから、次も耐えられるなんていうことはなくて。たくさんの楽しい思い出があったほうが、心も豊かになれる。とにかく楽しい思い出を記録し、財産として僕らは残しておきたいんですよ。

《英子のひとりごと》とにかく彼はメモ魔で、整理好き。私は散らかしておくのはイヤですから、何でもどんどん捨てちゃう性質。だからうっかり捨ててしまった後に、怒られることもあります。

自分流に生きてきた　――英子

うちは世の中の流れとは、ぜんぜん離れてやってきましたね。

だいたい二人とも、人の言うこと聞いて、信用するような人種じゃないんですよ。それぞれが、よく、自分流に生きているなって、ほんと、そう思いますよ。でも最初から好き勝手に自分流にやってきたわけではないの。見たり、聞いたり、いろいろしたうえでね。いいと言われるものは、私も関心があるから、なるべくやってみる。やってみないと、どんなものかもわかんないから。それを知ったうえで、いいということでも、そのとおりにやることは、ほとんどない。やっぱり、一度は疑ってみる。それで自分の感じたことを大事にしているのね。

人の影響は受けていませんよ。人と同じことをしたらダメって思っているから。人間は、一人一人がもっと個性的でないとダメだと思う。みんな、たくさんの可能性を持っているから、若いときにそれに気づくべきだと思うんですよ。自分のやりたいことに気づいて、コツコツやっていかないと。やっぱり時間がかかると思うの、いろんなことが。だから、少しでも若いうちに始めるといいと思うんです。「自分が食べる物は、自分の手でつくりたい」という思いは、小さい頃からもっていましたけど、実現できるまでは長い時間がかかりましたものね。でも、思い続けて、それに向かって少しずつ実現していくことは大事なんですね。

私は興味のあることに関しては貪欲なんですけど、それ以外はまったくどうでもいい。好き嫌いが昔からはっきりしているんですよね。女学生のとき、「榊原さん、もうちょっと頑張ってくださると、中より上にいくんですけどもねえ…」と言われても、「でも先生、興味のないことはできません」「そういうことでは困ります」と言われましたけど。自分に興味のあることしかダメ、だから狭いですよね。

それでも若い頃は頑張ってタイプや英語を習ったり、手仕事をしたりと、いろんなこともやってみましたけど。結局、自分は家の中のことしか興味がないと思って。その頃から私が思っていたことは、一人で何かやれば、遅いけれども確実によくなるって信じていたのね。長い年月はかかるけども、今日より明日はよくなると思って。

そういうふうに信じて、自分流にやってきたのね。それでよくなってきたから、だから、これからも、やっていけばよくなるんだと思うの。自分を信じてね。自分がやりたいことは、家の中のことに限られましたけど、自分流でやってきたおかげで、年をとってからの毎日が楽しく送れるようになったことは、よかったなぁと思いますよね。

《修一のひとりごと》なにか、人と違う生命力のようなものを持っているんですよ、彼女は。そんなことが、また僕を刺激してくれるんですねえ。

雑木林とキッチンガーデンはすばらしい
古い名札
Kiyoharu Country Club
毎日が小春日和
あとみよそわか

タケノコ
春ですよ！

maruei

ステキです。

あとがき

ひでこ

水野さん・落合さんが訪ねて来てくださったのは、突然のことでした。私たちの暮らしのことを聞いて本にしてくださるとのこと、それにもびっくりいたしました。それから一年間、三月には東日本大震災にも被災されながら、深夜バスを乗り継いで、毎月のように朝・昼・夜を通じた一日取材が続きました。それでも、いつも爽やかな笑顔。いつものとおり、おしゃべりしたり、お食事したり、お茶をたのしんでは夕方に帰られました。お家に着くのは、二四時過ぎ。一年間も大変でしたね。

夏のはじめでした。取材も終わりに近づいて、私の育った半田を訪ねることになりました。夜中の三時に所沢を出て、中央高速経由で高蔵寺ニュータウンの私宅へ。そこで、私たちを乗せて、知多中央道を南下、半田の〈ひいらぎ墓地〉へ。たいへんな強行スケジュールを、落合さんの運転でこなしました。眠たかったでしょうね。両親、きょうだい四人は、すでにみんな亡くなっているので、私はひとりぼっち。お墓って、さびしい。

四〇年ぶりに訪ねた銀座本町と南本町も、すっかり変わっていました。私の育った旧本家も、取り壊されてボーリング場になり、あっという間にマンションに建て変わりました。ときをためた懐かしい暮らしの営みも、ゆったりした空気の流れも感じられません。私は心の中で「終わっていたのね」と、ひとくぎりがついたような気持ちでした。〈記憶を失った町〉は、日本中にたくさん。半田だけではありませんでした。このなかで水野さんが、私たちの日常の暮らしの中に探しあてようとしている「あるお話」が、だんだんわかってきたように思いました。

できあがった原稿を読ませていただきました。平凡なことを、平凡な気持ちで実行してきた私たちの暮らしから、こんなに素晴らしいものが感じ取れるものかと驚きました。「こんなことも話していたの」と、失った記憶を取り戻してゆたかな気持ちになりました。私は、もう一度生まれかわるにしても、これまで生きてきたように、きっと生きることでしょう。私はいつも未来に向かって生きてきたので、未来が短くなってしまったいまも、その習慣から抜け出せないでいます。私には、この本が呼び起こしてくれる、八〇年の暮らしの記憶がいとおしくてなりません。

八〇歳をこえても、自分が老いることも、老後のことも考えずに体を動かしつづけた、のんきな私。でも、この一月、あと残された時間はどれだけあるのだろうと、ふと考えました。娘・孫、そして次の世代に八四歳のメッセージを届けたくなるなんて。やはり、自然な〝老い〟をあらためて感じたからなのでしょう。私たちは、生きている限り、できるだけ、〈尊厳ある老後〉を誇りたかく持ちつづけて、若い世代をエスコートしていきたい。

そのためには、〈プレゼント、大好き。おもてなし、大好き。毎日が、小春日和〉と、お金はなくても何かが溢れている〝すてきなおばーさん〟にならなくてはね。

ときをためてたどりついた、私たちのすてきなライフスタイル。私たちの「キッチンガーデンと雑木林のある暮らし」を、このご本を通じてみなさんにお伝えできるなんて、なんて幸せなことでしょう。

ありがとう。水野さん、落合さん。

あとがき

ある日、「突然のお手紙で申し訳ありません。…じつは、つばたさんの暮らしに深く興味をもちまして、ぜひご本をつくらせていただきたいという思いから、このお手紙を書いております。…」

「…ある雑誌の特集で、つばたさんの美しい整理術に魅了されました。記事を隅々まで読みますと、自分たちの食べる野菜は自分たちでつくっていること。それも土づくりから。保存食をつくったり、料理のファイリングをしたり、自家製ベーコンやピザのことなど。もう、それも長年続けられていることに、驚きました。…」

「これからの日本は、ますます高齢化社会になって、とにかく不安がいっぱい。…だから、時代の先端をいくつばたさんの現在の日々を、本を通じて紹介することに意味があるのではないかと思うのです。次世代に向けてのメッセージという意味で…」

しゅういち

「人間は喋るよりも、はるかに速くものを考えるものです」と、『スタンダールの言葉』にありました。言葉って、なんてのろまなのでしょう。言葉の向こうにある「考え」の流れのなんて早いことでしょう。彼女が、そのもどかしさを感じていることが、お便りの中にひしひしと感じられました。

人生の出会いなんて、探しても無駄。待伏せしても無理。幸福と同じといいますが、ほんと。彼女の突然で、飛躍的なお便りから、四〇歳代と八〇歳代という世代を超えた私たちの間に、不思議な友情が芽生えました。お互いの、一切の世間的相違を忘れることからうまれる平等の関係。そこからうまれる大人の友情だったかもしれません。

そしてある日、私たちははじめてお会いしました。二年前のことです。人間の出会いなんて、ほんとに不思議なものです。それから毎月、千葉から東京駅へ。そこから深夜バスに乗って、早朝に名古屋につき、電車を乗り継いで、朝八時には私たちの家へたどりつき、朝・昼・夜までゆっくりと一緒に暮らしては帰ってゆく取材でした。東京に帰り着くのは、いつでも深夜。よく、一年間も続けられたものです。

この取材方法は、とても変わっていました。平凡なことを毎日、平凡な気持ちで実行しているだけの私たちの暮らしに添って、なにも、構えて尋ねようとしません。生きることが下手な人をそっと見守るように。私たちの普段の暮らしを変えることはありませんでした。テープは回っていました。ただ、それだけ。「こんなことも話していたの」と、さりげない日常のお話がいつか本になっていました。

遠方に伝える言葉は、おのずと音楽的になるといいます。「やーきいもー、やきいも…きんぎょー・きんぎょ…なっと・なっとう…さーおだけや・さおだけ…」。もうそれは、現代の死語かもしれません。でも、この物売りの声は、私たちの日常の暮らしに、自然の四季をよびこむ優雅なものでした。言葉は純粋化され、単純化され、透明になって心の深層に届きました。

この本は、膨大なテープ取材原稿に、その取材に匹敵するような濃密な時間を使って、そぎおとしが繰り返されてできたと聞いています。レトロ・フューチャー（なつかしい未来）から現代に届けるメッセージとして、やさしく、ふかく、おもしろく、そして音楽的になってほしかったでしょう。私たちの雑木林とキッチンガーデンのある暮らしから、四季折々の〝物売りの声〟に代わる新鮮なメッセージが、あなたの心にそっと届きますように。

つばたしゅういち

一九二五年生まれ。自由時間評論家。東京大学卒業後、アントニン・レーモンド、板倉準三の建築設計事務所を経て日本住宅公団入社。六九年「高蔵寺ニュータウン計画」で日本都市計画学会石川賞。広島大学教授、名城大学教授などを経てフリーで評論活動を続ける。

つばた英子

一九二八年生まれ。愛知県半田の二〇〇年以上続く造り酒屋で育ち、五〇年、修一氏と結婚。キッチンガーデナーとして、大地に根ざしたていねいな暮らしを実践中。夫婦の共著として『なつかしい未来のライフスタイル』『キラリと、おしゃれ』（ミネルヴァ書房）、『あしたも、こはるびより』（主婦と生活社）がある。

水野恵美子

出版社を経て独立。食と暮らしをテーマに活動。聞き書きとして料理人、菓子職人の本を出版。著書に『森茉莉――贅沢貧乏暮らし』（著者名・神野薫・阪急コミュニケーションズ）『永井荷風　ひとり暮らしの贅沢』（新潮社）がある。

落合由利子

写真家。日本大学芸術学部写真学科卒。人に寄り添う取材を続ける。著書（写真・文）に『絹ばあちゃんと90年の旅―幻の旧満州に生きて』（講談社）『働くこと育てること』（草土文化）など、写真展に『日本国ルーマニア人物語』『働くこと育てること、そして今』などがある。

ききがたり　ときをためる暮らし

2012年9月20日　初版第1刷発行
2014年9月25日　　　第10刷発行

著　　　者　つばた英子・つばたしゅういち
聞き手・編集　水野恵美子
発　行　人　横山豊子
発　行　所　有限会社自然食通信社
113-0033 東京都文京区本郷2-12-9-202
電話 03-3816-3857　FAX 03-3816-3879
http://www.amarans.net
郵便振替　00150-3-78026
造本組版設計　関　宙明
印　刷　所　吉原印刷株式会社
製　本　所　株式会社越後堂製本

乱丁・落丁本はお取り替えいたします。
本書を無断で複写複製することは、著作権法上の例外を除き、禁じられています。
価格はカバーに表示してあります。

© 2012 Tsubata Hideko/Tsubata Shuichi, printed in japan
ISBN 978-4-916110-26-8　C2077

自然食通信社の本

野のごちそう帖

花房葉子　文と絵　定価１７００円＋税

北海道大雪山の裾野、雑木林の小さな山小屋に暮らして10年。無数の生きものたちの気配につつまれる静謐な時間と、いのちの蜜に満ちあふれた野生のいとなみに心奪われる至福にため息をもらしつつ、季節のうつろいの一滴一滴をすくいとった魅惑のエッセイ。幻想的な銅版画、五感を刺激してやまないイラストもふんだんに。フルカラー。

おいしいから野菜料理
季節におそわるレシピ７２８

自然食通信編集部＋八田尚子編著　定価２０００円＋税

使えるレシピ集です。「野菜はもちろん好きだけど、野菜が主役のおかずってそんなに思いつかない」という方。本書では季節ごと、野菜ごとに分け、素材の持ち味とうま味を引き出すレシピが満載。あえて細かい分量はのせていないけれど、「作りながら自分の味を見つけていく楽しさが料理好きにはたまらない！」と大好評。「野菜ってほんとうにおいしい」と、あらためて気づかせてくれる充実の1冊。